GUÍA DE VAMPIROS EN ESPAÑOL

Una Introducción Completa a las Creencias y el Mundo de los Vampiros

FREDERICH HOZ

© Copyright 2021 – Frederich Hoz - Todos los derechos reservados.

Este documento está orientado a proporcionar información exacta y confiable con respecto al tema tratado. La publicación se vende con la idea de que el editor no tiene la obligación de prestar servicios oficialmente autorizados o de otro modo calificados. Si es necesario un consejo legal o profesional, se debe consultar con un individuo practicado en la profesión.

- Tomado de una Declaración de Principios que fue aceptada y aprobada por unanimidad por un Comité del Colegio de Abogados de Estados Unidos y un Comité de Editores y Asociaciones.

De ninguna manera es legal reproducir, duplicar o transmitir cualquier parte de este documento en forma electrónica o impresa.

La grabación de esta publicación está estrictamente prohibida y no se permite el almacenamiento de este documento a menos que cuente con el permiso por escrito del editor. Todos los derechos reservados.

La información provista en este documento es considerada veraz y coherente, en el sentido de que cualquier responsabilidad, en términos de falta de atención o de otro tipo, por el uso o abuso de cualquier política, proceso o dirección contenida en el mismo, es responsabilidad absoluta y exclusiva del lector receptor. Bajo ninguna circunstancia se responsabilizará legalmente al editor por cualquier reparación, daño o pérdida monetaria como consecuencia de la información contenida en este documento, ya sea directa o indirectamente.

Los autores respectivos poseen todos los derechos de autor que no pertenecen al editor.

La información contenida en este documento se ofrece únicamente con fines informativos, y es universal como tal. La presentación de la información se realiza sin contrato y sin ningún tipo de garantía endosada.

El uso de marcas comerciales en este documento carece de consentimiento, y la publicación de la marca comercial no tiene ni el permiso ni el respaldo del propietario de la misma.

Todas las marcas comerciales dentro de este libro se usan solo para fines de aclaración y pertenecen a sus propietarios, quienes no están relacionados con este documento.

Índice

Introducción	vii
1. El origen del mito de los Vampiros	1
2. De pueblerino a noble	33
3. Mitos y leyendas	57
4. Devotos a los vampiros	75
5. Vampiros imaginarios	119
Conclusión	159

Introducción

Por muchos años, la creencia en seres mitológicos, deidades e incluso seres malignos fue el resultado de una ávida necesidad de entender el mundo que nos rodeaba.

Existen fenómenos que en particular, incluso en tiempos modernos, nos han aterrorizado al punto que hemos tratado de encontrar una vasta cantidad de maneras para explicarlo: la vida después de la muerte.

La existencia de un infierno y un cielo, la reencarnación, la nada absoluta, todas estas han sido explicaciones que muchas culturas y religiones han ofrecido para interpretar lo que sucede una vez que dejamos este mundo, y previo a la expansión del cristianismo existían muchas historias folclóricas tenebrosas que buscaban hacer sentido de esta misteriosa incertidumbre.

El mito de los vampiros forma parte de ellas, y su impacto ha sido indudablemente tal que ha continuado sobreviviendo hasta nuestros días, incluso cuando su intención principal ha evolucionado, siendo actualmente una figura popular en vez de un concepto terrorífico.

Los tiempos antiguos no sólo carecían de métodos científicos que les ayudarán entender algunos aspectos de la vida natural, como la existencia de animales chupasangre o sanguinarios como los vampiros y los lobos, sino que estaba plagada de enfermedades, accidentes, y fenómenos biológicos que sorprenderían incluso a muchos médicos modernos. Cuando la plaga azotó a Europa, la velocidad en la que los cuerpos se descomponían y la cantidad de muertes que ocurrían generó un acercamiento importante de la gente común con la muerte. Ante esta terrible situación, el miedo y la ignorancia gobernaban las calles de las áreas rurales europeas y, al no comprender el proceso de descomposición de los cuerpos, las criaturas mitológicas eran una de las explicaciones que les parecía razonable a la población.

Introducción

Estas leyendas, posteriormente, atraparon la curiosidad de los filósofos y escritores, principalmente aquellos de la antigua Grecia, romanos, y áreas romaníes. Estas figuras demoníacas solían tener homólogos en su propia cultura, y, usando las artes, eventualmente terminaron por mezclarse.

Y aunque estas civilizaciones fueron algunas de las más prominentes en el tema, el concepto de un ser sanguinario que caza víctimas inocentes se expandía desde los rincones de Europa hasta el decadente folclore latino con figuras como el chupacabras.

A medida que la ciencia comenzó a avanzar y las fuerzas míticas perdieron fuerza, fue la responsabilidad de los autores de ficción mantener viva la imagen del vampiro y continuar reflejando su significancia como un ser que reflejaba el miedo, la ignorancia, y la necesidad de consuelo del proletariado europeo de las épocas antiguas.

Inspirados por estas criaturas folclóricas, muchos autores se aferraron a la percepción original del vampiro, mientras que otros tomaron el riesgo de revolucionarlo hasta la figura poderosa y a veces carismática que conocemos en el arte cinematográfico y la literatura moderna.

Introducción

En este libro exploraremos la fascinante evolución de la mitología del vampiro, desde sus mórbidos inicios hasta la vasta influencia que ha tenido en el mundo globalizado en el que vivimos.

1

El origen del mito de los Vampiros

MUCHAS CULTURAS a lo largo del mundo contienen historias folclóricas sobre seres humanos que mueren, son enterrados, y vuelven a la vida para visitar a sus seres amados. Sin embargo, los hábitos particulares, y frecuentemente amenazantes, que podemos encontrar en las historias de vampiros son específicos de lo que los eslavos llaman "la antigua religión", en ella se creía que el alma podía volver de la muerte y espantar a los vivos.

La antigua religión

La "antigua religión" eslava se remonta a muchos años antes de la cristianización de los países eslavos.

· · ·

Es un conjunto de creencias y rituales paganos que se continuaron practicando y realizando incluso después de que el cristianismo había sido introducido en la región.

Mucho de ella nunca fue documentada, por lo que la fuente de muchos de los rituales es aún desconocida hoy en día. Se centra en un número de creencias sobre espíritus domésticos, algunos de ellos son considerados benevolentes, mientras que otros se pensaban que eran malignos. Estos espíritus eran invocados con el fin de ayudar en las tareas domésticas y agrícolas, pero con frecuencia se negaban y terminaban causando caos y destrucción. Si el clima era malo durante la época de cosecha, o si ocurrían accidentes, se culpaba a estos espíritus. Además, había una superstición de que si un humano o animal se enfermaba, podía ser explicado por la presencia de un espíritu que succionaba su alma.

Estos espíritus demoníacos, según creían los eslavos, eran las almas de sus ancestros que necesitaban ser puestas a descansar. En la cultura eslava precristiana, se pensaba que cuando una persona moría su alma seguía viva y rondaba la granja, villa, o pueblo donde habían pasado sus días terrenales. Este merodeo de almas continuaría por un mes o más hasta que el alma decidiera dejar el área para encontrar descanso.

Por esta razón, los familiares dejaban una puerta o ventana abierta para que el espíritu pudiera entrar o salir de la casa cuando le placiera. Era importante que las familias hicieran lo que pudieran para complacer el espíritu, o este podría volver su vida una miseria.

Para asegurarse que el espíritu se alejara lo más pronto posible sin causar problema, era considerado importante que todos los rituales de entierro fueran observados cuidadosamente. Si no lo era, el alma del departido podía "ensuciarse", y su espíritu se volvería malevolente. Inevitablemente, no siempre se llevaban a cabo entierros apropiados: por ejemplo, si un bebé o un niño moría antes de ser bautizado, o si una persona se encontraba con una muerte repentina o violenta, en un accidente o pelea, y no se encontraba el cuerpo a tiempo para enterrarlo antes de que se descompusiera. Además, si la persona que murió era una pecadora – por ejemplo, una persona que practicaba magia negra, o alguien que había cometido un asesinato – su alma no haría una transición pacífica, pero sí podía asechar a los vivos por muchos años.

. . .

En el peor escenario, un alma sucia puede convertirse en un vampiro – un espíritu dentro de un cuerpo en descomposición que se alimenta de la sangre de los vivos.

Vampiros de río

Los vampiros eran solo un tipo de espíritus infernales en la mitología eslava. Por ejemplo, Rusalca era una mujer, un demonio con forma de sirena que atraía a los hombres lejos de sus esposas y familias. Puede emerger del agua y sentarse sobre un árbol a cantar canciones hasta que atrapara la atención de algún trabajador de campo. En algunos mitos, la Rusalca era hermosa, con cabello largo y ojos verdes luminosos, mientras que en otros, era fea y cubierta en vello. Ella podía tomar a un hombre o niño para vivir con ella en el fondo del río o aparecer como un súcubo que tentaba a un hombre a tener relaciones con ella una y otra vez. De esta manera succionaba su fuerza vital y la usaba para mantenerse con vida, esto en venganza por una traición que le habían cometido en vista. No importaba la forma que tomara, esencialmente era un espíritu ruidoso que había muerto violentamente, por ejemplo, cometiendo suicidio gracias a un embarazo no deseado. La creencia era que, si la muerte de la joven era vengada, su espíritu sería capaz de descansar, y dejaría de acosar a los vivos.

En otros mitos, la Rusalca podía ser un niño sin bautizar que había sido concebido fuera del matrimonio, y cuya madre lo había asesinado.

La contraparte masculina de la Rusalca es Vodyanoy, una criatura de río que se veía como un hombre viejo y desnudo con una barba larga y desordenada, y cabello mojado y enredado. Su cuerpo estaba cubierto de baba y escamas negras, y sus manos estaban palmeadas. Tenía una cola como de pescado, y ojos rojos calcinantes. Se transportaba montado en un tronco en búsqueda de personas para ahogar, y cuando lo conseguía, los arrastraba hasta el fondo del río para trabajar para él como sirvientes. Cuando las víctimas capturadas morían, se creía que la criatura guardaba sus almas en vasos de porcelana especiales. Los pescadores estaban realmente asombrados por el Vodyanoy, a quien consideraban el dueño del río, y continuamente hacían sacrificios para apaciguar su ira.

Demonios hogareños

Los dioses domésticos del panteón eslavo incluían al Domovói, y su contraparte femenina, la Kikimora. El Domovói era una criatura pequeña y velluda, a veces con cuernos, que protegía el hogar. Si los habitantes se comportaban bien, y dejaban leche y galletas para él, la criatura los ayudaría con el trabajo de granja y las tareas del hogar.

También podía predecir el futuro, y en ocasiones advertía a la familia de peligro por venir jalando el pelo de la mujer de la casa, o anunciar buenas noticias como bodas al hacer sonidos con un peine. Sin embargo, si el Domovói era molestado, podía romper los platos, dejar huellas lodosas en el piso, o hacer ruidos quejosos. Cuando esto sucedía, la familia tenía que adivinar lo que estaban haciendo mal y hacer compensaciones. Si era enfurecido, podía amenazar con sofocar a los miembros de la familia mientras dormían sobre sus camas. Sin embargo, si se satisfacían las necesidades, la familia podía convivir con él pacíficamente.

La Kikimora, otro espíritu hogareño, se pensaba que era el espíritu femenino de un niño sin bautizar.

Aparecía como una bruja pequeña y delgada con cabello desordenado, y a veces una joroba. En algunas historias, usaba ropa sucia.

Cuando se enfurecía, la Kikimora mantenía a los niños despiertos por las noches, les hacía cosquillas o silbaba en sus oídos. Por la noche, salía de su escondite detrás de la estufa y se sentaba. Si algún humano la veía trabajar, era posible que muriera poco después.

El pánico de los vampiros

La etimología, o derivación, de la palabra "vampiro" refleja el incremento de creencias supersticiosas en Europa a partir de la Edad Oscura. Algunas de estas creencias se remontan a los tiempos paganos y folclor antiguo de regiones rurales del norte; otros tienen raíces en las imágenes cristianas de la era medieval más espeluznantes, particularmente en las descripciones del infierno, el diablo, y todo tipo de demonios malignos y monstruosos. Como se describe abajo, estas historias folclóricas, supersticiones, y tabúes, nacieron de la necesidad de explicar fenómenos comunes que los pueblerinos experimentaban. Estos incluían el comportamiento de animales que bebían sangre como murciélagos y lobos; la extraña y frecuentemente alarmarte manera en la que los cuerpos se descomponen después de la muerte; y características de la sangre gracias a enfermedades como las plagas de tuberculosis y porfiria. Estas supersticiones estaban basadas en la ignorancia y el miedo; eran, en gran manera, historias dichas por pueblerinos sin educación sobre las condiciones de vida atemorizantes, crueles, y brutales que los rodeaban, y de las cuales no tenían conocimiento científico. Sin embargo, estas historias también expresaban ansiedades profundas y entendibles sobre un mundo donde sus circunstancias individuales, y su humanidad común, con frecuencia era ignorada. Por esa razón, estas historias continúan siendo poderosas.

El primer vampiro malvado

La palabra "vampiro" en su forma escrita apareció por primera vez en el siglo once como un garabato en un manuscrito del libro de salmos. Este fue traducido por un humilde sacerdote para un príncipe Nóvgordiano, Vladimir Yaroslavovich. En la nota, el sacerdote se refiere al príncipe como "upir lichyj" (un vampiro malvado). Si esto fue una broma, un sobrenombre, o una crítica legítima (lo cual es poco probable) es aún desconocido.

Después encontramos la palabra en un tratado llamado "La palabra de San Gregorio", el cual reportaba la existencia de rituales paganos en Rusia, y los fulminaba sin términos específicos. Nadie sabe realmente cuándo se escribió este tratado evangélico cristiano, pero parece haber sido antes del siglo catorce, cuando la iglesia estaba buscando eliminar las creencias y rituales paganos de la cultura de las personas trabajadoras, especialmente en áreas rurales del norte de Europa.

La adoración pagana de deidades y demonios no cristianos era conocida como algo común en los países eslavos de Europa a lo largo del periodo medieval, pero la palabra "vampiro" no aparece escrita en Inglaterra sino hasta la mitad del siglo 18.

La primera vez que nos encontramos con ella es cuando se menciona en un registro de viaje titulado, "los viajes de tres caballeros ingleses desde Venecia hasta Hamburgo, el gran tour de Alemania, en el año 1734". Poco se dice en el texto sobre el vampiro, pero el hecho de que se hace alusión a ello deja en claro que dicha creencia en demonios malignos se estaba extendiendo a lo largo de los países europeos durante este tiempo.

Sabemos gracias a los registros históricos que después de que Austria ganó control de partes de Serbia y Rumania en 1918, los oficiales se quejaron sobre la práctica local de exhumar cadáveres para matar a los espíritus "vampiros". Los oficiales realizaron reportes detallados de estos crudos rituales, que eran publicitados ampliamente y recibidos con entusiasmo – como sucede hoy en día – por un público con un aparente apetito insaciable de sangre y horror.

El vampirismo y los cadáveres

Es difícil entender cómo el mito de los vampiros inició en la cultura occidental, hasta que nos fijamos en el contexto en el que estas historias y creencias nacieron.

Cuando lo hacemos, nos encontramos que la idea de un vampiro surgió en general como resultado de miedos y malentendidos sobre la naturaleza de la muerte y la descomposición del cadáver humano. En los tiempos medievales, era común para las personas normales ver cuerpos humanos después de que hubieran muerto; en parte porque los pobres pueblerinos debían enterrar a sus propios muertos, pero también gracias a que los rituales religiosos involucraban dejar un ataúd abierto en la casa para que los familiares y amigos ofrecieran sus condolencias. Algunos comentaristas modernos creen que esta tradición, aunque un tanto bizarra para nosotros, era sana psicológicamente hablando; para aceptar que un ser amado había realmente partido, la familia necesitaba ver el cadáver y reconocer que la persona no era un ser vivo.

Sin embargo, también había aspectos negativos de este ciclo natural. Los cadáveres humanos en ocasiones se descomponen de una manera horripilante, de acuerdo con la causa de muerte (problemas de hígado, por ejemplo, podían hacer que un cuerpo se tornara verde), las condiciones particulares en las cuales se guarda el cuerpo (exceso de calor, frío, humedad, etc.). En una sociedad donde poco se sabía sobre la medicina o ciencia, y donde las creencias irracionales de espíritus malignos, demonios, y otros seres eran comunes, era fácil para los visitantes imaginar que un cadáver había sido poseído por tales espíritus, y en consecuencia era una fuente de peligro.

La exhumación de los cuerpos – En casos donde los cuerpos eran exhumados porque se creía que eran vampiros, podía haber cambios en su apariencia que podían causar miedo extremo y preocupación. Bajo ciertas condiciones, dependiendo de la temperatura de la tierra y su composición, los cadáveres pueden dejar salir cases a medida que se descomponen, y estos pueden en ocasiones hacer que el cuerpo se hinche. Además, la sangre puede desgastar la piel, haciendo que se vea rosada, y oscureciendo la complexión. Por ende, una persona que había estado extremadamente enferma antes de su muerte, con facciones demacradas y piel pálida, podía verse rellena y sana después de que su cuerpo hubiera sido enterrado y luego exhumado. La sangre también podía salir de la nariz y la boca (como resultado de la presión de los gases, lo que hacía al cadáver verse como si se hubiera alimentado de sangre. Todas estas señales eran interpretadas como evidencia de que el individuo se había convertido en un vampiro después de la muerte.

Si se decidía que el cuerpo debía ser atravesado por una estaca, para asesinar al vampiro, existían más pruebas que confirmaban el estatus al ojo del observador. A veces, un quejido se escapaba de la boca del cuerpo, lo que causaba a los espectadores creer que la persona seguía viva, y estaba en sus últimos momentos de agonía.

La verdad de esto era que, mientras el cuerpo era atravesado, los gases escapaban, lo que causaba sonidos mientras este atravesaba las cuerdas bucales, similar a como funcionan las flatulencias. También había cuerpos cuyo pelo, uñas, y dientes parecían haber crecido después de enterrados. Esto, también, tenía una explicación lógica. Cuando la piel se empieza a descomponer, con frecuencia se desprende, dejando expuesto más cabello, dientes, y uñas, y lo que simula ser piel fresca bajo ella – pero, claro, esto solo es visible porque la parte principal de la piel ha muerto.

¿Enterrados vivos? – Algunos fanáticos sugieren que el mito de los vampiros empezó en parte por el hecho de que, en algunos casos, los cuerpos eran enterrados vivos. En una era donde las personas morían y eran enterradas sin certificados de defunción, y frecuentemente sin intervención médica, solía ocurrir que una persona mostraba señales de estar muerta y entonces

era enterrada, solo para poder revivir bajo tierra. En estos casos, la persona, obviamente, intentaba alertar a los transeúntes, y por ende a veces se escuchaban gritos o golpeteos emanando de la tumba. Si esto ocurría, a veces eran exhumados, solo para ser víctimas de diferentes y terroríficos rituales diseñados para matar un vampiro.

Parece poco probable que esto fuera común, solo porque es imposible para un ser humano sobrevivir tanto tiempo enterrado. Lo que parece ser una explicación más creíble es que se escuchaban sonidos emanando de las tumbas, pero en realidad solo eran ruido de los gases que escapaban del cadáver. En este periodo, con el pánico de los vampiros en su apogeo, estos sonidos podían ser interpretados como señales de vida del cadáver, y entonces el cuerpo era exhumado y se disponía de él como acostumbraban.

Arnold Paole – Un famoso caso de vampiros durante el siglo 18 fue el de Arnold Paole. Paole, también llamado Paule o Pavle, era un soldado serbio que se había mudado a la villa de Medveda después de vivir en partes de Serbia controladas por Turquía en esa época. Él reportó haber sido perseguido por un vampiro y haber sido capaz de escapar al untar por todo su cuerpo con sangre de la tumba de un vampiro y haber comido la tierra a su alrededor. En 1726, murió de manera violenta cayéndose de un carro de paja y rompiéndose el cuello. Alrededor de un mes después de que había sido enterrado, muchas personas reportaron haber sido perseguidos por él, finalmente murieron poco después. Estas muertes se reportaron a las autoridades, quienes investigaron al respecto y abrieron la tumba de Paole.

Se encontraron con que el cuerpo no se había descompuesto de manera usual, y que había sangre fresca saliendo de los ojos, nariz, boca, y orejas del cuerpo. La manta con la que lo habían cubierto también estaba llena de sangre, así como sus uñas parecían haber crecido. Al concluir que el cuerpo de Paole era un vampiro, se atravesó su corazón con una estaca, y cuando esto ocurrió, se escuchó un quejido salir de su boca, lo que únicamente aterrorizó más a los pueblerinos. No solo fue el cuerpo de Paole desenterrado y apuñalado con una estaca, sino que también las supuestas víctimas recibieron el mismo ritual.

. . .

Estos incidentes fueron reportados oficialmente y registrados con cuidado, por lo que se encuentran muy bien documentados hoy en día. A grandes rasgos, parece claro que la apariencia del cuerpo exhumado de Paole no tenía nada que ver con lo sobrenatural, sino que se debía a causas naturales, y la manera particular en la que el cuerpo se había descompuesto.

Peter Plogojowitz – Peter Plogojowitz también fue otro caso renombrado de vampiros en su época. Era un pueblerino de una villa en una parte de Serbia que estaba bajo el control de Austria. Cuando Plogojowitz murió en 1725, otras nueve muertes ocurrieron en el área inmediatamente después, dentro del periodo de 8 días.

Todas las víctimas afirmaban que Plogojowitz había asistido a sus lechos de muerte por la noche e intentando estrangularlos. También había rumores de que Plogojowitz había visitado a miembros de su familia y preguntado por comida y zapatos, y que cuando su hijo se negó, Plogojowitz lo asesinó. Los aldeanos demandaban que las autoridades y el sacerdote local exhumaran el cuerpo de Plogojowitz para asegurarse de que no se había convertido en un vampiro.

. . .

Cuando el cuerpo fue sacado, parecía que había desarrollado una nueva piel y más uñas, así como cabello más largo y una barba. Había sangre "fresca" saliendo de su boca. Cuando el cuerpo fue empalado, más sangre salió de sus orejas y boca. Los aldeanos estaban completamente aterrados y cayeron en pánico, temiendo que el vampiro no podía ser asesinado. Frombold, la autoridad a cargo, y el sacerdote les reiteraron que Plogojowitz realmente estaba muerto, y después Frombold realizó su reporte.

Este se convirtió en uno de los primeros casos de vampiros en ser documentado en Europa del Este, y fue reportado ampliamente en Alemania, Inglaterra, y Francia, lo que contribuyó al pánico general sobre los vampiros en el siglo 18.

El vampirismo y los animales

Existen ciertos tipos de animales cuyo comportamiento – por ejemplo, cazar por la noche, y vivir de la sangre y carne animal o humana – siempre ha sembrado miedo en los seres humanos. Esto incluye a los murciélagos, lobos, y búhos, quieres juegan un rol importante en el folclore europeo, y también aparecen en el folclor de muchos otros lugares del mundo.

El murciélago vampiro – De todos estos, el murciélago vampiro común es quizá el más tenebroso. El murciélago vampiro vive de una dieta basada en sangre, un hábito conocido como hematofagia. Como el murciélago vampiro común, también hay otros dos tipos de murciélagos que se alimentan solo de sangre: el murciélago vampiro de alas blancas, y el murciélago vampiro de piernas peludas. Estos murciélagos chupasangre se encuentran comúnmente en América Latina, y son especialmente comunes en Argentina, Chile, y Brasil, donde se encuentran prominentemente en su mitología.

Como todos sabemos, los murciélagos cazan de noche, y duermen durante el día dentro de cuevas.

Este comportamiento nocturno concuerda con el de la leyenda de los vampiros, donde estos solo emergen durante la noche de una tumba similar a una cueva para atacar a sus víctimas. El cuerpo de murciélago vampiro en particular evolucionó para localizar a criaturas de sangre caliente: tiene termorreceptores en su nariz, y estos lo ayudan a encontrar áreas en la piel de sus víctimas, como el cuello, donde la sangre corre cercana a la superficie. También tiene dientes frontales relativamente grandes que utiliza para atravesar la piel de su presa.

Estos dientes no tienen esmalte, así que son muy afilados.

Si su víctima es un animal cuyo cuerpo está cubierto de pelo, los dientes caninos del murciélago son usados para rasurar el vello alrededor del área donde hacen su incisión.

La saliva del murciélago contiene una sustancia llamada draculina que fue aislada por unos investigadores venezolanos que trabajaron con el murciélago en 1995. Esta funciona como un anticoagulante y evita que la sangre de la presa se coagule para que el murciélago pueda beberla.

. . .

(Este anticoagulante es extremadamente poderoso, y por ello ha sido usado en la medicina para ayudar a pacientes que padecen de condiciones de sangre que hacen que se coagule y resulten en paros cardíacos y embolias.

Contrario a lo que comúnmente se cree, el murciélago vampiro no succiona la sangre de la herida de su presa, sino que espera a que salga por sí sola y después la lame.

Los murciélagos tienen un sistema auditivo extremadamente sensible, y el murciélago vampiro es capaz de detectar el sonido de presas dormidas, las cuales son su principal fuente de nutrición. El murciélago vampiro común busca mamíferos, mientras que el alado blanco y el de piernas peludas se alimentan de pájaros. Una vez que el murciélago vampiro ha encontrado su somnolienta presa, vuela hacia ella y se posa silenciosamente a su lado.

Usando sus sensores infrarrojos, encuentra un lugar donde morder, y procede a beber. Su alimentación puede durar hasta 20 minutos, y a medida que se alimenta rápidamente digiere la sangre y comienza a orinar.

Después de una cena sangrienta, los murciélagos pesan considerablemente más de lo que lo hacía antes.

Un murciélago que pesa 40 gramos puede increíblemente subir su peso hasta 60 gramos; así que es capaz de devorar la mitad de su peso en sangre. Así que su siguiente problema es cómo alejarse volando. Hace esto impulsándose con fuerza hacia arriba y volando rápidamente hacia su nido para pasar una buena noche de descanso. Después de un par de días la sangre se ha digerido por completo, el murciélago se sentirá hambriento de nuevo, y estará listo para buscar a su siguiente víctima.

La mayoría de los animales o humanos que son mordidos por un murciélago vampiro de esta manera, mientras están durmiendo, ni siquiera sabrán lo que ha ocurrido, la mordida es pequeña y no causa dolor. Es similar a ser mordido por un mosquito. Sin embargo, algunos murciélagos esparcen enfermedades serias como la rabia, así que, por esta razón, no es muy bueno acercarse a ellos, o permitir que entren a la casa. Esto se sabe desde tiempos ancestrales, y como consecuencia muchas personas evaden a los murciélagos. Las leyendas sobre los murciélagos que se enredan en el cabello no tienen bases verdaderas, sin embargo, pudo haber surgido porque murciélagos come mosquitos a veces se estrellan contra las cabezas de los humanos al atardecer.

El lobo aullador – Por siglos, en muchas partes del mundo, los humanos han convivido con los lobos.

Esto no es sorpresa, estas criaturas enigmáticas aparecen frecuentemente en el folclor y la mitología de estas regiones. En algunas culturas, notoriamente en la nativo americana y nórdica, son vistos con admiración y respeto. Sin embargo, en el folclor eslavo, tienden a ser vistos bajo una luz negativa, en historias que enfatizan su caza como sedienta de sangre y agresiva, y su aullido de medianoche, que puede ser escuchado a millas, como amenazante y terrorífica. También existen muchos cuentos europeos de hombres lobo, en los cuales seres humanos se transforman en criaturas híbridas capaces de gran violencia y destrucción. Algunas de estas historias se originan en parte por el comportamiento observado del lobo, mientras que otras surgen puramente de la fantasía.

. . .

Se cree generalmente que el lobo gris europeo es el ancestro salvaje de los perros domesticados. Ha sobrevivido desde los tiempos más antiguos como un depredador, aunque sus cantidades se han reducido hoy en día, y en general ya no convive con los seres humanos (excepto en algunos países, como Rumania). Los lobos pueden correr rápidamente, hasta 40 millas por hora, y tienen una gran resistencia. Sus pies relativamente grandes, con una pequeña red entre los dedos de los pies, los ayudan a navegar por terrenos peligrosos, incluyendo la nieve, y su pelaje grueso los ayuda a aislar el agua y el frío del invierno.

Tienen ojos amarillos, piernas largas, y fuertes dientes para someter a sus presas, romperles los huesos, y arrancarles la piel. Son conocidos por portar muchas enfermedades mortales, incluyendo la rabia y el ántrax. Si sufren de rabia, pueden tornarse extremadamente agresivos, y pueden correr libremente mordiendo y asesinando a muchas personas.

Los lobos tienen una fuerte mentalidad de manada, con un sistema jerárquico de miembros dominantes y sumisos, y marcan su territorio con un sistema de comunicación que incluye las marcas de esencia (con orín, heces, y feromonas de sus glándulas olfativas), y aullidos. A la media noche, muchos miembros de la manada pueden juntarse y aullar, es una forma de comunicar que si territorio está fuera de los límites para otras manadas. Cazan principalmente animales con pezuñas y patas, pero también subsisten de carcasas asesinadas por otros animales, y los desechos dejados fuera por los humanos. Cuando intentan atrapar a su presa, primero atacan las piernas para evitar que se escapen corriendo; luego intentarán herir el paso de aire, mordiendo el cuello y la cabeza. Si atrapan a una presa más chica que ellos, agarrarán al animal, y lo llevarán a otro lugar para alimentarse de ellos privadamente. Esto puede ocurrir mientras la presa sigue viva. Cuando los lobos empiezan a alimentarse de un animal, tal como un venado, comenzarán por el hígado, los pulmones, y el corazón.

Continuarán con el estómago, los músculos de las piernas, y finalmente, la piel y los huesos, hasta que no quede nada.

Antes del siglo veinte, los ataques de lobos a humanos eran bien conocidos, aunque no eran una ocurrencia común. Sin embargo, el daño al ganado era extenso, y es por eso que los lobos fueron muy odiados en muchas partes de Europa. También hubo incidencias de niños pequeños que fueron arrastrados por lobos, y esto pudo haber llevado a leyendas que alertaban a los niños de este peligro. También pudo haber inspirado muchas historias mitológicas de niños que fueron crecidos en la selva por una manada de lobos.

Los hombres lobo – El miedo a los lobos también propició la creación de historias sobre hombres lobo quienes, junto con los vampiros, dominaron los cuentos folclóricos en la era medieval. El hombre lobo es una criatura legendaria, un ser humano que tiene la habilidad de cambiar su forma en un lobo o un animal similar al lobo con increíble fuerza y poderes sobrenaturales. La transformación ocurre durante la luna llena, y se acompaña con muchos aullidos y rechinido de los dientes mientras el cuerpo cambia dolorosamente de forma, dejando salir los colmillos, pelaje, y ojos amarillos.

El primer escritor que registró una criatura como esta fue el comentador medieval, Gervasio de Tílburi, pero criaturas similares aparecen en los escritos de los antiguos griegos, notablemente de Petronio.

. . .

Se ha argumentado que, como con las leyendas de vampiros, los cuentos sobre hombres lobos han surgido para explicar la ocurrencia de enfermedades como la rabia y la porfiria. Si eras mordido por un lobo rabioso, un ser humano infectado podría desarrollar comportamiento agresivo similar al de un lobo o perro enojado. En el caso de la porfiria, los ojos y dientes enrojecidos, y la sensibilidad a la luz, pueden hacer que un enfermo simule un hombre lobo. Sin embargo, existe cierta controversia alrededor de estas sugerencias, se dice que los cuentos clásicos de hombres lobo no incluyen, necesariamente, la transmisión de la condición al ser mordido. (Esto es en contraste con la leyenda de los vampiros, donde cuando una persona es mordida puede convertirse en un vampiro como resultado.)

Tanto en el caso de los vampiros como de los hombres lobo, el problema de la sensibilidad a la luz, la cual es característica de la porfiria, parece ser irrelevante, ya que no había sido mencionado en ninguno de los casos en historias folclóricas antiguas.

Parece más probable que el hombre lobo en el folclor europeo es un símbolo que ayuda a explicar muchos comportamientos humanos extraños, por ejemplo, enfermedades mentales donde los individuos parecen tener dos personalidades – gentiles un momento, violentos al siguiente. O puede simplemente ser una forma de describir cómo el mundo se vuelve más terrorífico y bizarro por la noche, especialmente en áreas rurales remotas, cuando los lobos empiezan a aullar y los humanos son recordados sobre la precariedad de la civilización y lo fácil que podría ser destruirla. El antropólogo Roberto Eisler se concentró en la conexión psicológica entre los humanos y lobos en su estudio "De hombre a lobo", donde reflexionó sobre las tribus antiguas que cambiaron de ser acumuladores a cazadores depredadores, y así se empezaron a identificar con el lobo predatorio. (Esto también puede explicar la preponderancia de apellidos cristianos derivados de los lobos en el norte de Europa, tales como Adalwolf, y Wolfgang, que significan lobo noble y camino del lobo, y el apellido español López, que simplemente significa lobo.)

El vampiro hombre lobo – Inevitablemente, la leyenda del hombre lobo luego se enredó, en el folclor medieval, con la del vampiro. En Europa, las personas que se sospechaban eran hombres lobos eran ejecutadas, y sus cuerpos cremados en lugar de ser enterrados.

. . .

Esto es porque había una creencia popular de que los hombres lobos, después de la muerte, se convertían en vampiros. Estos vampiros podían volver como hienas – otra criatura con una larga historia de asociaciones negativas en la cultura humana. Al ser un carroñero que se alimenta de animales muertos o moribundos, incluyendo humanos, la hiena es detestada en la mayoría de las sociedades, y en el pasado se han considerado la compañía de demonios y brujas (de hecho, la palabra "hiena" en griego deriva del "puerco"). Tradicionalmente, las hienas son tomadas como criaturas híbridas cuya sexualidad es indeterminada, y son muy temidas a lo largo del mundo, particularmente en África, donde los ataques nocturnos a humanos han ocurrido, en algunas instancias, teniendo resultados fatídicos. La curiosa llamada risueña de la hiena moteada (quienes cazan presas vivas) también ha sido la fuente de mucho desdén hacia el animal.

No solo los hombres lobo, sino que también los pecadores podían volver de la muerte después de que hubieran muerto. Además, personas con rostros pálidos, ojos hundidos, y labios gruesos, se sospechaba que eran hombres lobos, y como resultado eran perseguidas. Se temía que cuando murieran, siendo de causas naturales o por ejecución, tomarían la forma de lobos sanguinarios, y volverían al cuerpo que habían dejado atrás al llegar el día. Para evitar eso, los sacerdotes eran enviados a realizar exorcismos.

Desenterraban y decapitaban el cadáver, y con frecuencia arrojaban la cabeza al río donde se esperaba que se hundieran gracias al peso de los muchos pecados que albergaba.

Los vampiros y hombres lobos estaban conectados tan cercanamente en el folclor del norte de Europa que, en algunos países, notablemente Serbia, eran llamados con el mismo término general: *vulkodlak*. Generalmente, en el Balkans, estas criaturas revenidas se consideraban brujas que podían tomar un sinfín de formas horrendas, y quienes se volvían hombres lobo para succionar la sangre de seres humanos. Se estipulaba que esta succión de sangre debía realizarse durante una luna llena, para que las brujas pudieran obtener el beneficio completo para su salud. Por ende, así fue que las imágenes folclóricas de murciélagos y lobos, junto con la de las hienas, se fusionaron con las leyendas de brujas y su arte para crear una horripilante criatura nocturna: el vampiro hombre lobo.

. . .

El búho de la muerte – Junto con los murciélagos y el lobo, la otra criatura asociada con el vampirismo – y, por supuesto, con brujas – es el búho. Como todos saben, los búhos cazan durante la noche, y principalmente cazan mamíferos pequeños. Tienen extraordinarios poderes de visión, y sus plumas están construidas de tal manera que hacen pequeños sonidos cuando vuelan.

Las plumas también pueden estar marcadas delicadamente para camuflarlos de sus víctimas. Los búhos utilizan sus afilados talones y pico para cazar a sus presas y con frecuencia los devoran enteros para después regurgitar las partes indigeribles, como los huesos y el pelaje, en forma de egagrópilas pequeñas.

El ulular o grito familiar del búho mientras caza por mucho tiempo ha sido asociado, en la cultura humana, con la muerte y destrucción. El antiguo estirge de la mitología romana está basado en el búho, y en Rumania, la llamada de un búho es tradicionalmente considerada como un presagio de la muerte de alguien cercano. Sin embargo, también se considera a los búhos como seres sabios (por ejemplo, como el acompañante de Minerva, la diosa griega de la sabiduría). Así, como el lobo, el búho tiene asociaciones negativas y positivas en la cultura humana.

. . .

Reglas y tabúes – En conclusión, podemos ver como los hábitos de los murciélagos, lobos, y búhos han contribuido a la leyenda de los vampiros, tanto en Europa como alrededor del mundo. Históricamente, los humanos han convivido cercanamente con estos animales, y han llegado a temerles, en algunos casos de manera racional, y en otros sin verdaderos fundamentos.

Las leyendas urbanas del vampirismo expresan estos miedos, y también pueden establecer reglas y tabúes – algunas sensibles, otras completamente irracionales – sobre cómo minimizar la supuesta amenaza que representan a la vida humana.

2

De pueblerino a noble

En contraste a los vampiros descritos en la literatura popular del siglo 19, el vampiro medieval no tenía colmillos, no era pálido y demacrado, no tenía una aversión a la luz solar, ni tenía sofisticación o carisma. No aparecía ante sus víctimas vestido inmaculadamente para una cena o fiesta burguesa, ni usando una capa roja y alargada.

Todo el elemento sexual de un encantador y bien versado individuo de clase alta desaparecía en las historias medievales. Estas características eran añadidas posteriormente al mito, y tomó fuerza cuando la leyenda de los vampiros logró escabullirse dentro de la literatura popular después de que el pánico sobre avistamientos de vampiros del siglo dieciocho había cedido.

. . .

Hasta donde sabemos gracias a los escritos de la épica, el vampiro medieval era concebido como una criatura repelente sin ningún atractivo sexual. Al contrario, era maloliente y feo, y las personas huían al momento en el que aparecía. Existe una gran cantidad de reportes sobre avistamientos de vampiros durante los inicios de este periodo. Uno de los más gráficos es el de William Parvus, un historiador del siglo 12 quien hizo un estudio sobre los "revenidos", los muertos que volvían de la muerte.

En cierto caso, Newburgh describió a un hombre de "conducta malvada", quien escapó de prisión y murió cuando se cayó de las vigas del techo en su habitación (donde se escondía para espiar a su esposa quien estaba teniendo una aventura). Newburgh narra que el hombre había tenido un entierro cristiano, pero después se levantó de su tumba y deambuló por el pueblo, seguido por una manada de perros ladrando. Eventualmente, los locales se cansaron de esto, y decidieron atrapar al vampiro en su escondite. Fueron al cementerio, exhumaron el cuerpo del hombre, y lo acostaron a la intemperie. Un terrible escenario los esperaba. El cadáver, como Newburgh lo describía, estaba "inflamado al punto de ser una enorme corpulencia, con un rostro turgente e impregnada con sangre; mientras que la tela en la que había estado envuelto parecía haber sido rasgado."

Continúa diciendo: "Los jóvenes, sin embargo, motivados por la ira, no temieron, e infligieron una herida abierta en la carcasa, de la cual surgió un chorro de sangre tan grande que se podía haber confundido por una sanguijuela que había succionado la sangre de muchas personas. Luego, después de arrastrarlo más allá del pueblo, construyeron una pila funeraria rápidamente, y cuando uno de ellos dijo que el cuerpo pestilente no se quemaría a no ser que se le arrancara el corazón, uno abrió su costado con cuchilladas continuas de una espada, y, insertando su mano, retiró el corazón maldito"

Para el siglo dieciocho, la creencia en los vampiros había llegado a su apogeo, tanto que cierto número de estudios sobre el fenómeno fueron publicados, muchos de ellos respetados por intelectuales. El más famoso de ellos fue escrito por Augustin Calmet, un escolar benedictino de Lorraine, Francia. En 1746, presentó su tesis, "Tesis sobre la aparición de ángeles, demonios, y espíritus; y sobre los revenidos y vampiros en Hungría, Bohemia, Moravia, y Silesia." Calmet asumió erróneamente que la idea de un vampiro como un cadáver revivido que sobrevivía succionando sangre era nueva, por lo que registró el fenómeno en la segunda mitad del siglo 17. Así escribió: "En este periodo, una escena se presenta ante nuestros ojos y lo ha hecho por alrededor de 60 años.

En Hungría, Moravia, Silesia, y Polonia, hombres que han estado muertos por varios meses, vuelven a la vida, hablan, caminan, infestan pueblos, utilizan a hombres y animales a su voluntad, succionan la sangre de sus familiares, destruyen su salud y finalmente causan su muerte; así que las personas solo pueden salvarse de estas peligrosas visitas y sus encantamientos al exhumarlos, empalarlos, cortarles la cabeza, arrancarles el corazón, o quemarlos. Estos son llamados por el nombre de vampiros, también llamados, sanguijuelas… en el siglo 12, en Inglaterra y Dinamarca, algunas resucitaciones similares a las que se vieron en Hungría. Pero no leemos nada similar en otras historias, tan comunes, o así se decidió, como lo que se nos narra sobre los vampiros de Polonia, Hungría, y Moravia."

. . .

En su tesis, Calmet presentó cuidadosamente una colección de descripciones y avistamientos de vampiros, pero se mantuvo ambivalente sobre su existencia. Mucho de ellos que leyeron su ensayo lo tomaron como una prueba positiva de que los vampiros estaban, en realidad, acechando la tierra, y en general, apoyaba las supersticiones sobre los revenidos.

Sin embargo, otro francés, François-Marie Arquet, mejor conocido por su seudónimo Voltaire, era incrédulo a los descubrimientos de Calmet, y en su "diccionario filosófico", publicado en 1764, utilizó su ingenio para burlarse de la idea: *Estos vampiros eran cadáveres, quienes salieron de sus tumbas por la noche para succionar la sangre de los vivos, sea de sus gargantas o estómagos, después de las cuales volvieron a sus cementerios. Las personas succionadas menguaron, palidecieron, y cayeron en descomposición, mientras que los cadáveres que succionaron engordaron, se enrojecieron, y disfrutaron de un excelente apetito. Fue en Polonia, Hungría, Silesia, Moravia, Austria, y Lorraine, que los muertos celebraron de esta forma.*

A pesar de la opinión burlona de Voltaire, la tesis de Calmet tuvo tanta influencia que la emperatriz María de Austria finalmente mandó a su médico personal

Gerard van Swieten, a investigar las afirmaciones de vampirismo en su territorio. Como Voltaire, Van Swieten estaba escéptico sobre la existencia de los vampiros, sin embargo, escribió un reporte serio sobre las alegaciones el cual llamó "Una discusión sobre la existencia de los fantasmas". En este ensayo, publicado en 1768, explicó cómo el cuerpo se descomponía, y como la sangre y los gases podían explicar en complexión rojiza y apariencia hinchada de cuerpos que habían sido recién enterrados.

En conclusión, llamó a mito de los vampiros una "ignorancia barbárica", y dijo "todo el alboroto es un simple miedo superficial, una credulidad supersticiosa, una imaginación grande y oscura, simpleza e ignorancia entre las personas". Como resultado de los descubrimientos de Swieten, la emperatriz decretó un edicto que prohibía a las personas exhumar, mutilar, y quemar cadáveres enterrados.

Después de esto, las exhumaciones de cadáveres y persecución de personas vivas con anormalidades de cualquier tipo se limitaron. Sin embargo, las historias de vampiros continuaron espantando a las audiencias, y fueron tomadas por la literatura popular de todos los tipos. A principios del siglo 19, un vampiro sofisticado y afable hizo su primera aparición en la obra de John Polidori "El vampiro", publicada en 1819. En apariencia, el vampiro de Polidori contrastaba completamente con sus antepasados; en lugar de ser "gordo y rosado", era pálido, delgado, y apuesto. Polidori lo describía como: "Sucedió en medio de las disipaciones a la llegada del invierno Londinense, ahí apareció en las fiestas varias de los líderes de las masas, un noble más remarcable por sus singularidades, que por su rango. Miró a los risueños a su alrededor, como si no pudiera participar de ellas… aquellos que sentían esta sensación de asombro, no podían explicar de donde surgía: algunos se lo atribuyeron a los ojos grisáceos que parecían muertos, los cuales, cuando se posaban en los objetos, no parecían penetrar, y en una sola mirada eran capaces de atravesar los mecanismos internos del corazón…"

A pesar, o quizá por su mirada letal y curiosa de las almas, este intrigante extraño resultaba extremadamente atractivo para el sexo femenino.

"Sus peculiaridades causaron que fuera invitado a cada casa; todos querían verlo, y aquellos que se habían acostumbrado a las emociones violentas, y ahora sentían el peso del aburrimiento, estaban complacidos de tener algo en su presencia capaz de mantener su atención. A pesar del tono mortal de su rostro, el cual nunca obtuvo una tinta más rosada, ya sea del sonrojo de la modestia, o de la fuerte emoción de pasión, aunque su forma y delineado eran hermosos, muchas de las cazadoras femeninas en busca de notoriedad intentaron ganar su atención, y obtener, al menos, algunas marcas de lo que ellas entendían como afecto."

El vampiro de Polidori no era únicamente atractivo físicamente, también tenía una "lengua ganadora", y su "aparente odio por el vicio" – rutinariamente ignoraba a todas las mujeres que se le arrojaban – lo hacían incluso más fascinante.

Al crear este vampiro aristocrático, Polidorio estableció una plantilla para básicamente todas las figuras vampíricas que le siguieron.

Bram Stoker, autor del clásico "Drácula", publicado en 1897, impuso fuertemente su idea de vampiros como hombres encantadores, inteligentes, refinados, y esta encarnación de un vampiro se convirtió en la base del género de terror hasta el día de hoy.

Vampiros bebés

En la edad media, la hora de nacimiento de un bebé tenía mucho significado – tanto negativo como positivo. De la misma manera, detalles sobre su apariencia podían llegar a tener todo tipo de significados misteriosos. Su linaje también era algo de gran importancia: por ejemplo, el séptimo hijo del séptimo hijo se sospechaba que tendría poderes sobrenaturales, u otras características extraordinarias. A medida que el mito de los vampiros se esparció por el Balkans y tomó control de la imaginación popular en Europa, estas supersticiones sobre las circunstancias del nacimiento de un bebé se entrelazaron con la de la leyenda de los vampiros, así que cuando un bebé llegaba al mundo, se revisaba en busca de señales sobrenaturales, y posiblemente rechazado como resultado.

Antes que nada, estaban los defectos de nacimiento y anormalidades, algunos de los cuales se considerarían normales hoy en día.

Por ejemplo, si el bebé nacía con la bolsa intacta era considerado sospechoso. La bolsa es una membrana del saco amniótico que separa al bebé de las paredes del útero de su madre. Al nacer, en lugar de dejarla atrás en el útero, el bebé ocasionalmente emerge rodeado en ella. Hoy en día, un doctor o dula usualmente rompen esta membrana durante la labor de parto, si no se rompe por sí sola durante el proceso; así que los bebés nacidos en bolsa son menos comunes ahora de lo que solían ser.

En términos de salud, nacer con la bolsa intacta no posee ningún riesgo, y en realidad es beneficioso para los bebés, ya que está protegido de infecciones hasta que la bolsa se caiga repentinamente. En las sociedades bajas de la era medieval con poco acceso a la ayuda médica, se notaba que los bebés nacidos con la bolsa con frecuencia eran más fuertes y saludables que la mayoría, y tenían una mejor oportunidad de sobrevivir. Una membrana lo suficientemente fuerte para soportar el proceso de parto era percibida como protectora. Por esta razón, la bolsa era vista como una señal de buena suerte, y podía significar que el niño sería un individuo exitoso en su vida. En muchos casos, la bolsa se guardaba como una reliquia: la partera untaba un poco de papel sobre la cabeza del bebé, así la membrana se transfería a él, y luego se le presentaba a la madre.

. . .

También se creía que la bolsa tenía poderes especiales, por ejemplo, que protegía contra la magia negra, defendía la cosecha, y aseguraba la fertilidad. También se creía que las bolsas eran capaces de proteger a su portador de ahogarse: en los tiempos medievales, las mujeres vendían las bolsas a los marineros por esta misma razón. También existía la creencia de que un portador de bolsa podía profesar el futuro, especialmente a través de los sueños. Se creía que los gemelos nacidos con bolsa eran protegidos por un ángel guardián a lo largo de su vida. En Islandia, se decía que los bebés nacidos con bolsa tenían un hada acompañante, conocida como "fylgiar", quien le serviría durante toda su vida, incluso anunciando su muerte y viajando con él al Valhalla, el hogar de los muertos.

Sin embargo, todo esto cambió cuando el mito de los vampiros se popularizó. Si un bebé era nacido con una bolsa, se temía que podía llegar a convertirse en un vampiro. La bolsa era removida inmediatamente en caso de que el bebé intentara comérsela, lo que era muy poco probable, y en lugar de ser guardado como un talismán valioso, era destruida tan pronto fuera posible.

. . .

Otra señal inquietante de posible vampirismo era que el bebé naciera con dientes.

En la mayoría de los casos, los bebés nacen con yemas dentales, como son llamadas, dentro de las encías. Sin embargo, en algunos casos (uno de cada 2,000 casos), los bebés nacen con lo que se conocen como "dientes natales". Estos son los dientes primarios del infante que han salido de las encías prematuramente. Es extremadamente raro que un bebé tenga un conjunto completo de estos dientes, pero se han observado hasta siete u ocho de estos.

En la mayoría de las instancias, los dientes natales no representan un verdadero problema, aunque pueden ser removidos si están sueltos, para prevenir que el bebé se atragante con alguno. Los dientes también pueden causar problemas de alimentación, ya que el bebé puede morder el pezón de su madre. Hoy, es generalmente considerado lo ideal dejar que los dientes crezcan naturalmente, ya que removerlos tempranamente puede llevar a dificultades posteriormente, cuando todos los dientes salen de las encías.

. . .

No es difícil ver porqué un bebé nacido con estos dientes era temido y tomado por un vampiro. En muchos casos, solo dos de los incisivos son visibles, lo que puede darle a un bebé la distintiva apariencia de un pequeño vampiro.

Cuando el bebé comenzaba a alimentarse, y accidentalmente mordía el pezón de la madre, era visto como pruebas adicionales de que un niño vampiro había nacido.

Detección de vampiros

A medida que se desarrolló el mito de los vampiros, más y más señales de vampirismo se anexaron a la cultura popular. Supersticiones antiguas regresaron a las memorias, y se volvieron parte del culto de vampiros, empezando por el tiempo de nacimiento de un bebé.

De acuerdo con al folclor eslavo del sur, un niño nacido entre navidad y el día de los reyes magos tenía una alta probabilidad de nacer vampiro. En Rumania, se sospechaba del séptimo hijo de la familia, especialmente si sus hermanos mayores eran todos del mismo sexo. Además, los hijos bastardos, y los niños prematuros, incluso aquellos nacidos fuera del matrimonio, eran sospechosos de ser vampiros potenciales.

Una vez nacidos, el niño seguía bajo constante vigilancia en busca de señales de motivos malignos.

Si un bebé dejaba de mamar prematuramente, o era amamantado después de haber dejado de mamar, podía tornarse en un vampiro repentinamente. Y un bebé quien moría antes de ser bautizado era dado por sentado que se convertiría en un vampiro y perseguiría a la familia después de haber sido enterrado.

Si el niño sobrevivía hasta la adultez – y muchos no lo hacían – su camino continuaba lleno de peligro. Una persona que comía los restos de una oveja asesinada por un lobo, sea por accidente o a propósito, podía convertirse en un vampiro; por ende las "víctimas de lobos", haciendo referencia a las ovejas que eran cazadas por ellos, eran frecuentemente evitadas por los aldeanos y pueblerinos en general. También se creía que una persona que había sido atacada 7 veces sin morir tenía poderes sobrenaturales, y por ende era un vampiro. Si una persona tenía una herida abierta, debía ser tratada con agua hirviendo inmediatamente, de lo contrario podía convertirse en un vampiro. Ser excomulgado de la iglesia establecida también podía ser un detonante para el vampirismo, ya que la gente que se revelaba ante la religión era fuertemente temida. Y una mujer embarazada que era atacada por un vampiro podía dar a luz a un vampiro bebé.

Las supersticiones no terminaban ahí. Las personas que tenían una pequeña e insignificante anormalidad física, como lenguas afiladas y puntiagudas e incisivos largos, eran rutinariamente clasificadas como vampiros y, en el mejor de los casos, eran segregados, mientras que, en el peor, eran perseguidos sin descanso y, en algunos casos, asesinados. Los miembros bajos de la sociedad como prostitutas, alcohólicos, asesinos, y violadores también eran rechazados porque se creía que se convertirían en vampiros después de haber sido enterrados. Esto también aplicaba para las personas que se suicidaban o habían muerto violentamente. No es de sorprenderse que la descendencia de una supuesta bruja y/o un hombre lobo también fuera discriminada, ya que era dado por sentado que el niño o niña sería un vampiro.

. . .

Si las personas vivientes ya eran víctimas de supersticiones sobre el vampirismo, los muertos lo eran aún más. Una vez que una persona moría, parecía que el mito del vampiro se desbordaba. Como se mencionó antes, la "antigua religión" eslava estaba llena de creencias sobre los espíritus de los muertos, que se consideraban que convivían, codo a codo, con los vivos, observando cómo las vidas de sus antiguos familiares, amigos, y vecinos había evolucionado sin ellos. Como base de estas creencias estaba la sensación de que los muertos estaban celosos de los vivos, y querrían tomar venganza de alguna forma.

Las enseñanzas sobre la inmortalidad impartida por la iglesia cristiana fueron modificadas para que, en lugar de que la vida después de la muerte fuera una recompensa por haber vivido una vida decente y honesta, se volviera una forma de castigo eterno, con el vampiro emergiendo de su tumba solitaria para dejar caer su maligna venganza sobre los vivos.

Por esta razón, una gran cantidad de mutilaciones horrendas fueron llevadas a cabo en el cadáver antes de ser enterrado. Como todos sabemos, atravesar el corazón de un cuerpo con una estaca de madera era el método que se creía podía matar a un vampiro y prevenir que se alzara de su tumba y acosara a sus presas por la noche. Si la estaca estaba hecha de palo de rosa o madera de fresno, era considerada como doblemente efectiva.

Pero había muchas otras "precauciones" que eran tomadas. Por ejemplo, la cabeza podía ser arrancada, al igual que los pies, para evitar que el vampiro caminara hacia la villa desde el cementerio. Después, la cabeza era enterrada debajo de los glúteos para que no pudiera escabullirse de debajo del cuerpo cuando volviera a la vida. En otros casos, el corazón podía ser arrancado y puesto encima de la cabeza.

Los cuerpos, con frecuencia, eran mutilados y las partes de cuerpo amarradas juntas como un manojo antes de ser enterradas en la tumba. Ocasionalmente, las uñas eran enterradas en la cabeza.

Otras, un poco menos sangrientas, pero igualmente supersticiosas "precauciones" eran tomadas para prevenir que los muertos se convirtieran en vampiros. Se podían colocar monedas sobre los ojos para aplicar peso y prevenir que el vampiro pudiera ver cuando despertara.

La boca podía ser cocida para que no pudiera morder a las víctimas, o rellena con ajo, lo que se consideraba un apotropaico poderoso, o disuasivo. Existe un paralelismo con esto en las historias de los antiguos griegos, quienes solían colocar una moneda de plata dentro de la boca de los muertos. En el pasado, los historiadores creían que esto se hacía para que la persona pudiera pagarle al conductor del ferri en el Río Estigia y atravesarlo hasta llegar al otro mundo, pero recientemente se ha interpretado como una manera de prevenir que espíritus malignos entraran al cuerpo. Esto podría concordar con la figura folclórica griega del "brucolaco", una criatura muerta viviente malvada muy similar, y probablemente relacionada con, el vampiro eslavo.

A veces, una espina podía ser colocada debajo de la lengua de un cadáver.

El cuerpo podía ser enterrado con una hoz alrededor de su cuello, o una aguja insertada en su ombligo. También era una práctica común romper las piernas del cuerpo y cortar los ligamentos de las rodillas. Medidas de precaución más severas incluían que el cadáver fuera enterrado boca abajo, o cremado, y luego arrojar las cenizas en un río cercano.

Aunque el cuerpo ya había sido asegurado en la tumba, la ansiedad no cesaba. Sin número de rituales elaborados eran llevados a cabo para mantenerlo ahí, y para determinar si los rituales de entierro habían tenido éxito en evitar que el cuerpo se transformara en un vampiro. Un método relativamente bizarro era llevar a un joven virgen a través del cementerio sentado sobre un semental virgen.

En Albania, dicho semental tenía que ser negro, mientras que en otros países debía ser blanco. Si un vampiro estaba asomándose alrededor de alguna de las tumbas, el semental se rehusaba a caminar frente a ella.

No es necesario decir, este método no era a prueba de tontos, y con frecuencia los cuerpos eran desenterrados solo para descubrir que se estaban pudriendo de manera pacífica sin una sola señal de vampirismo.

. . .

De nuevo, conectada con la "antigua religión" eslava se encontraba la creencia de que un cuerpo debía ser cuidadosamente vigilado en caso de que volviera de la muerte.

Antes de ser enterrado, un cadáver nunca era dejado solo.

El guardián también tenía que mantenerse atento a perros y gatos, porque si uno de ellos saltaba sobre el cadáver, podía convertirse en un vampiro.

Esta es una superstición que, extrañamente, ocurre tanto en China como en países eslavos.

Mucho de lo que sabemos hoy en día sobre las supersticiones medievales con respecto a los vampiros vienen de arqueólogos que han encontrado restos de esqueletos mutilados que habían sido enterrados por cientos de años.

. . .

Por ejemplo, en 2009, el cuerpo de una mujer fue desenterrado de una fosa común en la isla Veneciana de Lazzaretto Nuovo, en Italia. Su cráneo tenía un gran ladrillo insertado dentro de su boda, lo cual llevó a los arqueólogos a creer que se había sospechado que era un vampiro. El ladrillo estaba ahí para hundirla y prevenir que saliera de su tumba. Era particularmente importante que se quedara donde estaba porque, junto con otros en la tumba, había sido víctima de la plaga bubónica que arrasó a Venecia en 1576 y mató a más de 50,000 personas.

Los arqueólogos pensaron que el cadáver de la mujer había sido profanado por cazadores de tumbas, quienes se dieron cuenta de que su cuerpo se había descompuesto de una manera alarmante, y decidieron colocar un ladrillo dentro de su cráneo. Durante ese tiempo, era poco común que la tumba fuera abierta tan cerca del entierro; las tumbas solo eran abiertas después de cientos de años, y para ese momento lo único que quedaba del cuerpo era el esqueleto, o partes de él. Por ello, las personas ordinarias no sabían cómo debía verse un cuerpo en descomposición.

. . .

Los cavadores de tumbas, quienes durante la plaga tenían que constantemente abrir las tumbas para añadir más cuerpos, pudieron haber confundido el fluido de "la purga" del cuerpo de la mujer – un fluido oscuro del tracto gastrointestinal que puede salir de la nariz y boca después de la muerte – por sangre fresca, y asumieron que recientemente había comido carne viva.

No solo esto, sino que había un agujero en el velo cerca de la boca del esqueleto, lo que hacía parecer que había estado mordiéndolo para intentar escapar. Los arqueólogos argumentaron que los fluidos corporales de la mujer mojaron el velo, lo que causó que se hundiera en la cavidad de la boca y se disolviera ahí. Haber puesto un ladrillo en la boca de la mujer, así parece, era un acto de exorcismo diseñado para evitar que se levantara de su tumba y esparciera su enfermedad.

Interesantemente, los arqueólogos en el caso también argumentaron que, durante las épocas de la plaga, las leyendas de los vampiros tomaron más terreno. Esto era gracias a que las tumbas, sepulturas, y fosas comunes eran abiertas tan frecuentemente que los cavadores de tumbas tenían la oportunidad de ver cuerpos que recientemente habían comenzado a descomponerse, lo que no ocurría normalmente – y también era una buena respuesta a por qué las personas morían tan rápidamente. Naturalmente, el descubrimiento de los "cuerpos vampiros" solo hizo sonar las alarmas durante los tiempos de pestilencia.

3

Mitos y leyendas

La definición en el diccionario de la palabra vampiro es "un cadáver que se levanta todas las noches de su tumba para beber la sangre de los vivos". La creencia en vampiros surgió en la "antigua religión" eslava y luego, en los siglos que le prosiguieron, atrapó la imaginación de los escritores, artistas, y directores de cine, desarrollándose como la figura sofisticada y versada que conocemos hoy en día.

En paralelo a esta tradición europea existen muchos otros sistemas de creencias alrededor del mundo que involucran a figuras similares a él: revenidos que acechan a los vivos, y beben su sangre para sobrevivir en el inframundo de sombras.

. . .

La Estirge

La antigua Grecia, como sabemos, tenían un sistema de creencias altamente desarrollado, con muchos mitos complejos que rodeaban al panteón de dioses que eran adorados. Entre ellos podemos encontrar varias historias sobre demonios femeninos, tal como el demonio tormenta, Lamia, una mujer quien en vida sufrió la muerte de sus hijos y tomó venganza acechando a los bebés y robándoselos para succionar su sangre y comerse su piel. Aliado a este mito está la historia de Lilith, que viene de la mitología hebrea. En algunas versiones de esta historia, Lilith es la primera esposa de Adán quien se rehúsa a obedecerlo, luego es desterrada del jardín del Edén, y se convierte en serpiente para tentarlo. Ella se convierte en un demonio malvado que seduce a los hombres y se roba a los infantes para llevarlos lejos de su madre, también era capaz de engendrar demonios por sí sola y estos visitaban a la humanidad y sembraban el caos. Este mito sobrevivió por siglos y hasta el siglo 18 Lilith seguía siendo culpada por las muertes infantiles, la importancia, y la infertilidad. De manera significativa, tanto Lamia como Lilith eran mujeres capaces de transformarse en serpientes, lo que reafirmaba el mito de los vampiros, ya que los revenidos tenían la habilidad de asumir formas no-humanas.

Además de estos demonios mujeres, existen otras criaturas mitológicas antiguas que comparten ciertas características con el vampiro. Una de estas es la estirge, cuyo nombre en latín viene de la palabra griega para búho. La estirge era una figura legendaria de la cultura romana ancestral, la cual estaba basada en el autillo europeo. Este pequeño búho come insectos era una criatura temida por ser un mal augurio, y cuando aparecía por la noche y hacía su llamada en forma de chiflido característico de él, se creía que cualquier humano en las áreas vecinas experimentarían la muerte, sea propia o de un ser querido.

La legendaria estirge tenía diferencias con el autillo, se decía que era una criatura que bebía la sangre de seres humanos y devoraba su piel. La leyenda de la estirge es que su madre, Polifonte, una acompañante de la diosa Artemisa, se enamoró de un oso salvaje y le engendró dos hijos. Estos hijos cazaban seres humanos para sobrevivir, se alimentaban de piel, y como castigo eran convertidos en animales. Uno de ellos se convirtió en una estirge, un ave nocturna de mal augurio, y un "heraldo de la guerra y conflicto social para los hombres". Se creía que la estirge desmembraba a sus víctimas, lo que incluía a los infantes. Después, en tiempos medievales, la estirge tenía la reputación de ser un demonio femenino maligno.

En Rumania, le dio su nombre al strigoi, o vampiro. En esta versión de la leyenda, la figura es el alma perturbada de un fallecido que ha tomado la forma de un animal salvaje. En algunos casos, el strigoi incluso podía ser una persona viva con superpoderes, tales como la habilidad de transformarse en un ave.

En el folclor romaní, una persona podía volverse un strigoi si moría antes de casarse. Extrañamente, en estos casos, el cadáver del fallecido podía contraer matrimonio con otra persona soltera y viva, ya que se creía que esta unión podía evitar la transformación. Sin embargo, en algunos casos, se creía que el strigoi podía volver e intentar tener relaciones sexuales con su exesposo o exesposa. Para evitar esta posibilidad, el cadáver de la persona soltera podía ser atravesado con una estaca entre otros rituales comunes para disipar el vampirismo.

. . .

Además, había otros remedios específicos para evitar que el cadáver cambiara de forma y se convirtiera en un strigoi. Una de estas era enterrar una botella de vino en la tumba, desenterrarla uno o dos meses después, y beberla con los familiares del fallecido. Se creía que aquellos que bebieran el vino no serían visitados por el strigoi.

Así fue como la figura mitología de la estirge, o el búho nocturno, la cual hizo su primera aparición en la literatura de los antiguos griegos y romanos, migró a través de los siglos a culturas diferentes, y se convirtió el strigoi del folclor Romaní medieval. Así como con las historias de murciélagos y hombres lobo, las personas medievales observaron el comportamiento de los animales a su alrededor, especialmente esos animales misteriosos que solo se veían de noche, y crearon leyendas sobre ellos para explicar sus hábitos y explorar su forma extraña de vivir. De esta manera, estos animales jugaban un rol en el complejo desarrollo de la civilización humana y su relación con el mundo natural.

Los vampiros mujeres

. . .

La mitología antigua está llena de leyendas sobre demonios mujeres que acechan a hombres y niños.

Un tema recurrente es que estos demonios han sufrido tragedias en su antigua vida, así que después de la muerte aparecían como fantasmas y tomaban venganza al atacar a los niños por la noche, mientras estaban dormidos, y devorárselos.

En muchas de estas historias, los demonios también seducen hombres y los alejan de sus esposas para succionar su sangre, lo que les ayudaba a mantener sus formas fantasmales en el más allá.

Los súcubos – Los paralelismos con los vampiros eran obvios. El folclor medieval también contiene registros del súcubo, una criatura similar al vampiro que toma la forma de una mujer. El súcubo se aparece ante un hombre por la noche, usualmente de manera seductiva, y lo fuerza a tener relaciones sexuales repetidamente con ella hasta que le haya succionado toda su fuerza, o incluso a veces hasta su muerte. También podía alimentarse de su sangre, y de esta forma succionar su fuerza vital.

. . .

Como ocurre con las historias de vampiros femeninos, lo que encontramos en los mitos y leyendas paralelas de dichas criaturas es la ansiedad universal sobre la sexualidad femenina. El miedo de que, si una mujer no lograba contraer matrimonio o engendrar un hijo durante su vida, sus celos serían de tal proporción que, después de su muerte, reaparecería como un súcubo o Lamia, y usaría sus poderosos encantos femeninos para corromper a los esposos de otras mujeres y destruir a sus descendientes como venganza por su esterilidad.

Lamia, la devoradora de niños – Lamia es una figura de la mitología de la antigua Grecia quien aparece en los escritos de Diodoro Sículo, un historiador del primer siglo antes de Cristo. Diodoro cuenta que Lamia era la hija del rey Belus de Egipto. En otras historias, se decía que ella era la hija de Poseidón, el dios del océano.

Cualquiera que sea su procedencia, la afirmación que la llevó a la fama fue que había tenido un amorío con el dios Zeus, y de él engendró muchos hijos. Esto enojó a Hera, la esposa de Zeus, al grado de asesinar a todos los hijos de Lamia. Debido a esto, Lamia perdió la cabeza y comenzó a merodear hasta la tierra, en busca de los hijos de otras mujeres, particularmente infantes recién nacidos.

Ella solía atacarlos por la noche, los llevaba a un lugar solitario y los devoraba. Diodoro reportó que este vil hábito le deformó el rostro, así que, en lugar de ser una hermosa y joven mujer, se convirtió en una anciana horrorosa.

Sin embargo, en otros reescritos del mito, Lamia conserva su belleza en la parte superior de su cuerpo, mientras que en la inferior le crece un falo, y lo oculta con una manta de piel de serpiente en sus genitales.

Con estas frecuentemente sangrientas historias, los antiguos griegos formaron la imagen de una mujer quien, al ser negada los placeres de la maternidad, se convierte en un hombre, y adopta las violentas y destructivas cualidades, y libidos agresivas que tradicionalmente se le atribuyen a la masculinidad. Interesantemente, en todas las versiones de la historia, este estado infeliz de su vida inicialmente es ocasionado por otra mujer, la celosa Hera.

. . .

Es Hera quien condena a Lamia a vivir una vida de tormento al asesinar a los hijos ilegítimos que había engendrado como resultado de su aventura con Zeus. Mucho después, en tiempos romanos, el poeta Horacio llevó la historia más allá, insinuó que Hera había forzado a Lamia a devorar a sus propios hijos, en vez de solo asesinarlos. Y también existe una leyenda que dice que Hera maldijo a Lamia con la inhabilidad de cerrar sus ojos para que nunca pudiera tener descanso, y así fuera incapaz de disipar la imagen de los rostros de sus hijos fallecidos de su conciencia.

En algunas versiones de la historia, Zeus se apiada de Lamia y le da la habilidad de arrancarse los ojos, para que pudiera ser capaz de descansar. De acuerdo con algunas fuentes, esto también le otorgó el don de la videncia. Sin embargo, Lamia continúa viviendo una existencia de pesadilla, aparentemente capaz de detener sus impulsos de cazar infantes dormidos y robárselos para beber su sangre y consumir su piel.

En los siguientes siglos, se desarrolló un aspecto más empático de la historia de Lamia como una madre afligida, y eventualmente se convirtió en la personificación del vicio femenino. En lugar de ser una única figura histórica, su nombre se volvió intercambiable con el de la súcubo y de prostituta. Y eventualmente se volvió sinónimo de cualquier mujer seductora con malas intenciones. Era retratada como una criatura cuya parte superior desnuda tomaba la forma de una mujer hermosa, y su mitad inferior tenía la forma de una serpiente.

Esta era una representación simbólica de su dualidad e hipocresía, y también indicaba el miedo a que la sexualidad femenina, una vez liberada de los lazos de la maternidad y deberes matrimoniales, sería una fuerza destructiva para el resto de la sociedad.

El demonio tormenta, Lilith – Lilith, un personaje con forma de serpiente de la mitología hebrea que mencionamos poco antes, es muy similar a la Lamia, y a medida que los siglos progresaron, las dos se volvieron intercambiables.

Empezó su vida 4000 años antes de cristo como uno de los muchos demonios de viento o tormenta en Mesopotamia. Se creía que estos demonios atraían enfermedades y muerte.

Lilitu, como era llamada, era un súcubo que aparecía en los sueños de los hombres, y era conocida por sus técnicas lujuriosas. Se creía que forzaba a los hombres a tener emisiones nocturnas, y así absorbía su fuerza vital.

También era retratada con talones y alas, como un pájaro, y viviendo en el desierto. Dejaba su guarida durante la noche, cuando estallaba una tormenta de arena, para acechar a los hombres y sembrar el caos con las vidas humanas. Algunos creían que era ella la sirvienta de otras deidades, tales como la diosa sumeria de la fertilidad, Inanna, y su contraparte asiria Ishtar; otros creían que era una mujer sucia o prostituta, un heraldo de la muerte y enfermedad.

Hay muchas versiones fascinantes de la historia en textos hebreos antiguos, y algunos incluso contradicen la creación del mito. En una historia, el "alfabeto de Ben sira", Lilith aparece como la primera esposa de Adán.

. . .

Cuando Adán le exige que repose bajo de él durante las relaciones sexuales ella se niega argumentando que Dios los creo como iguales. Luego, vuela lejos del paraíso y se aparea con demonios, engendrando así niños demoníacos, cientos que mueren todos los días. En otras historias, así como aquellas en el Cábala, Lilith se convierte en una serpiente por sí misma, y así tienta a Adán y Eva con la manzana, lo que causó su destierro del Edén.

En la edad media, se decía que Lilith había desposado al rey de los demonios, Asmodeus, y sembrando caos y miseria en cada oportunidad. Si un hombre se volvía impotente, o una mujer descubría que era infértil, o un niño moría durante su infancia, Lilith era culpada. Esta superstición perduró hasta el siglo 18: un círculo mágico era dibujado alrededor de la habitación cuando una mujer daba a luz, y tanto las madres como los bebés recibían amuletos para protegerlos. Los nombres de los tres ángeles que habían intentado llevarla de regreso a Adán – Sanvi, Sansanvi, y Semangelof – también eran invocados para mantenerla lejos.

. . .

Después, en el periodo romántico, el escritor alemán Goethe retomó el tema de Lilith en su gran obra "Fausto", y la caracterizó como una hechicera que sofocaba a los hombres usando su largo cabello para estrujarlos.

En el periodo victoriano, el poeta Robert Browning tomó un enfoque diferente y enfatizó a Lilith como un abyecto adyacente a Adán que se arrastró como una serpiente hasta él y prometió ser su esclava.

En tiempos contemporáneos, ya ha existido una reevaluación de Lilith. Algunos la ven como la diosa madre que supervisa y celebra una esfera femenina esencial de la sexualidad y fertilidad en colaboración con deidades positivas y cariñosas como la diosa egipcia Isis. De acuerdo con esta visión, el establecimiento del patriarcado provocó la demonización de las mujeres, para que, en lugar de ser una fuerza femenina benevolente, Lilith se convirtiera en un demonio destructivo. Quizá la manera más balanceada de percibirla, desde nuestra situación actual, es como una contraparte a deidades como la diosa hindú Kali, quien tiene un gran poder sexual que puede ser utilizado para fines positivos y negativos. De manera significativamente, esta interpretación más sutil se liga con el enfoque moderno del mito del vampiro, el cual enfatiza los aspectos simpáticos y destructivos de la criatura.

El chupacabras – A diferencia de la mayoría de las criaturas míticas descritas en esta sección, el chupacabras no es parte del folclor antiguo.

En realidad, es un monstruo de tiempos modernos, y lo podemos describir en términos contemporáneos como una leyenda urbana. Desde el año 1970, existieron rumores de una bestia que devoraba cabras y rondaba las áreas remotas del mundo matando animales pequeños, pero los reportes sobre avistamientos de este animal misterioso y similar al vampiro llegaron a su apogeo durante los años 90. En esta época, el chupacabras fue culpado por diferentes masacres de ganado en muchas partes de América, desde México hasta Maine.

Hoy en día, aún no existe evidencia científica confirmada de que esta monstruosa criatura existe. Sin embargo, algunos animales se han visto (y en algunos casos cazado, o se han encontrado sus cadáveres) y han sido identificados como tipos aberrantes de coyotes o perros. Sin embargo, en muchas comunidades, particularmente en América Latina, el chupacabras continúa siendo temido como un monstruo horripilante que atacará a animales similares como las cabras y vaciará la sangre de sus cuerpos.

El nombre "chupacabras" se le ha atribuido a Silverio Pérez, un popular conductor de televisión, comediante, y músico de Puerto Rico.

Inventó el término después de ver reportes en el periódico sobre las muertes de ganado y la sospecha de que una criatura similar a un vampiro que había sido la responsable de asesinarlo. El nombre ganó popularidad, y hoy en día se ha vuelto muy común a lo largo de América.

A inicios de 1990, en Puerto Rico, existieron rumores de que una extraña bestia había sido vista en partes remotas del país. Se decía que era grande y pesada del tamaño de un oso, con una fila de espinas sobre su columna, desde el cuello hasta la cola. También, de acuerdo con algunos reportes, tenía colmillos viciosos y grandes. Otras versiones describían al animal como una criatura similar a un reptil y que tenía piel verde como cuero y púas que iban hacia la parte baja de tu espalda. En otras descripciones, el cuerpo del reptil estaba cubierto de escamas.

Se creía que el chupacabras era una criatura de un metro de altura con piernas traseras largas y fronteras un poco más cortas. Saltaba como un canguro o dinosaurio Algunos reportes afirman que cuando era perturbado o asustado, emitía un grito, y empezaba a sisear. Además, dejaba un hedor detrás suyo, similar al sulfuro. Adicional a esto, sus ojos brillaban rojos cuando estaba en la oscuridad, y podía causar que los espectadores sintieran náuseas.

Además de ser comparado con un oso y un reptil, el chupacabras a veces también era comparado con un perro. En esta descripción, era un animal similar a un lobo lampiño con ojeras profundas, grandes colmillos, y garras. Las características púas de su espina que llegaban hasta su espalda también eran evidentes.

En marzo de 1995, ocho ovejas en Puerto Rico fueron encontradas muertas. Cada uno de ellos tenía tres heridas punzantes cerca del cuello y sus cuerpos habían sido drenados de su sangre. Subsecuentemente, cerca del pueblo de Canóvanas, cerca de 150 animales de granja tuvieron un destino similar. Nadie sabía la razón hasta que un testigo, llamada Madelyne Tolentino, reportó que había visto un animal peculiar acechando por la calle donde vivía y la observaba mientras colgaba su ropa. Ella y su esposo habían intentado capturarla, pero tuvieron que retraerse. Otro testigo, Michael Negrón, también afirmaba haber visto a la bestia saltar por la tierra de su jardín. "Tenía como tres o cuatro pies de altura, con la piel de un dinosaurio" reportó. "Tenía un par de ojos del tamaño de dos huevos de gallina, largos colmillos, y púas de colores en su cabeza y lomo". Convencido de que estos reportes eran verdaderos, el alcalde del pueblo, José Soto Rivera, llevó a cabo una caza del animal, pero nunca fue encontrado.

También existe la teoría de que el chupacabras podría ser una mascota que escapó de una raza alienígena. Dichas criaturas son conocidas por los entusiastas de los OVNIS como "Entidades Biológicas Anómalas" o ABEs, por sus siglas en inglés. Se argumenta que han sido creadas por seres alienígenas que han desarrollado formas de ligar información genética de diferentes organismos, y así crearon criaturas híbridas que pueden subsistir en ambientes extraterrestres.

No es sorpresa que estas teorías sean vistas con cierto escepticismo. Sin embargo, los ataques persistentes al ganado donde los animales son mordidos en el pecho y el cuello, y su sangre es completamente succionada, aún no han podido ser explicados con claridad. Estos continúan ocurriendo en diferentes partes del mundo para la preocupación de granjeros y trabajadores rurales de estas áreas.

Así, hasta que alguien pueda ofrecer una explicación racional para estos ataques místicos, la leyenda del chupacabras continuará viviendo como una de las leyendas urbanas más intrigantes de nuestra historia.

4

Devotos a los vampiros

En la mayoría de nuestras mentes, el vampiro es una entidad mítica, una figura que combina los elementos de creencias y supersticiones paganas con un toque de romance y horror de la narrativa moderna. Sin embargo, hay algunos que se toman la leyenda muy en serio, al punto de aspirar a un estilo de vida vampírico.

Esto puede involucrar simplemente verse como uno, es decir, usar ropa oscura y un maquillaje demacrado, y pertenecer a lo que se ha interpretado como una subcultura "gótica". En algunos casos, esta fascinación puede ir aún más allá, desarrollándose como un problema psicológico real, y en ocasiones involucra rituales sangrientos como el consumo de sangre o incluso la necrofilia.

. . .

En este capítulo analizamos a los vampiros de carne y hueso, empezando por aquellos infames y sedientos de sangre personajes de la historia en los cuales está basada la leyenda de los vampiros: Vlad el empalador, Elizabeth Bathory, y Gilles de Rais. Luego discutiremos sobre algunos de los primeros asesinos seriales que eran considerados vampiros en sus tiempos: particularmente Fritz Haarman y Peter Kürten, quienes fueron famosos en Alemania durante los años 20 y 30. En este periodo, el término "asesino serial" no era de uso común; por ende, los escrupulosos y repetidos asesinatos llevados a cabo por estos individuos sedientos de sangre eran atribuidos al vampirismo, demostrando cómo incluso en el siglo 20 las supersticiones y creencias paganas aún estaban en apogeo.

El miedo a asesinos enloquecidos que mataban gracias a su sed de sangre se remonta varios siglos atrás, y es un tema recurrente en la historia y cultura de muchos países europeos del norte. Uno de los primeros asesinos seriales que se rumoraba era un vampiro era la leyenda de un serbio Sava Sabanoniv, quien se decía había vivido en un viejo molino de agua en el río Rogatica cerca de una villa llamada Zarozje. De acuerdo a la leyenda local, acechaba a molineros que llegaban al molino de agua para moler sus granos.

Poco más se conoce sobre él además de que el molino, cuyos dueños eran la familia Jagodic, continuó funcionando hasta 1950. Aparentemente, los turistas hoy en día aún van a ver "el molino del vampiro".

Un supuesto vampiro quien recibió una gran notoriedad fue Peter Plogojowitz, también conocido por su nombre serbio Petar Blagojevic. Plogojowitz era un pueblerino serbio quien hubiera vivido una vida completamente inadvertida si no fuera porque, cuando murió en 1725, hubo una epidemia de enfermedades y muerte en su aldea, Kisilova. Dentro de un par de días, otras nueve personas habían muerto después de haberse enfermado y deteriorado rápidamente. Algunas de las víctimas contaron historias en sus lechos de muerte sobre Plogojowitz regresando de la tumba para intentar estrangularlos.

La esposa de Plogojowitz también se quejó de que su fantasma la visitaba por la noche y demandaba que le diera sus zapatos. Estaba tan asustada por ello que se mudó a otra aldea, aunque lo peor aún estaba por suceder.

Una noche, de acuerdo con los aldeanos, Peter Plogojowitz se apareció frente a su hijo para pedirle comida.

Cuando su hijo se la negó, su padre lo asesinó inmediatamente, fue una muerte brutal y a sangre fría. Al saber esto, los aldeanos decidieron que era momento de desenterrar al vampiro errante, y se pusieron en marcha al cementerio acompañados del sacerdote de la aldea, y armados con espadas, ajo, y una estaca de madera. Entre el grupo también se encontraba un oficial del gobierno austríaco que gobernaba esa región de Serbia y tenía el título de Provisor Imperial Frombald.

Cuando el cuerpo fue desenterrado, Frombald se sorprendió al ver que parecía extrañamente vivo, como si hubiera sido capaz de sobrevivir bajo tierra. Su cabello y barba habían crecido junto con sus uñas, lo que lo hacía ver nuevo y joven. Sus mejillas estaban enrojecidas y parecía haber sangre fresca emanando de su boca.

. . .

En un grave estado de ansiedad, el sacerdote y los aldeanos atravesaron su corazón con la estaca de madera, lo que ocasionó que mucha más sangre emanara de sus orejas y boca.

Al interpretar esta como sangre fresca, los comisionados entraron en pánico y decidieron quemar el cuerpo.

Richard Trenton Chase

Sería calmante imaginar que todos los cuentos sobre vampiros de nuestras épocas son producto de mitos y supersticiones, y en realidad no tienen una base empírica.

Esto suele ser la verdad detrás de ellas, como en el caso de Peter Plogojowitz. Tristemente, siguen existiendo instancias de vampirismo real, es decir, horribles crímenes cometidos por individuos extremadamente perturbados que se consideran vampiros y actúan de acuerdo a sus rumoreadas características: asesinan a víctimas inocentes al azar para devorar su piel y beber su sangre.

Uno de ellos era Richard Trenton Chase, un asesino serial de la ciudad de Sacramento, California. Entre 1977 y 1978 asesinó a seis víctimas, bebió su sangre y consumió algunas partes de sus cuerpos. Cuando lo atraparon, se supo que estaba seriamente enfermo mentalmente.

Durante su interrogación, reveló creer que los Nazis estaban conspirando para causar su muerte, y que habían colocado un cierto tipo de veneno debajo de su jabón de baño, el cual haría que su sangre se convirtiera en polvo.

Chase nació el 23 de mayo de 1950 en el condado de Santa Clara, California. Sus padres se separaron cuando él era solo un niño, sus primeros años fueron difíciles. Cuando llegó a la adolescencia ya tenía problemas con el consumo de drogas y alcohol. Durante este periodo, visitó a un psiquiatra bajo la queja de ser impotente sexualmente. El psiquiatra lo diagnosticó con ira reprimida, pero no tomó ninguna otra acción para mejorar su situación, y Chase desarrolló un comportamiento mucho más bizarro.

Después de dejar su casa al creer que su madre estaba intentando envenenarlo, rentó un apartamento con un par de amigos de la universidad. Estos se alarmaron cuando Chase tomó un par de naranjas y las presionó contra su cabeza diciendo que de esa forma podría entrar la vitamina C. Otros comportamientos extraños incluían rasurarse la cabeza para que nadie pudiera ver cómo se "movían sus huesos", y reportar que alguien había robado una de sus arterias. Frecuentemente estaba drogado gracias a un cóctel de pastillas y caminaba desnudo por el apartamento. Uno a uno, sus amigos se mudaron, hasta que fue el único que se quedó ahí.

Entonces comenzó a capturar animales pequeños y a asesinarlos para devorarlos crudos. En algunos casos, licuaba sus órganos con refresco de cola y se los bebía.

Él creía que, como un vampiro, esto lo ayudaría a prolongar su vida y prevenir que su corazón se encogiera.

. . .

Para la sorpresa de nadie, poco después se enfermó y fue dado de alta en el hospital después de inyectar sangre de conejo en sus venas y tener una infección en la sangre. En el hospital, le dieron el sobrenombre de Drácula después de que lo encontraran con los restos de un pájaro pequeño embarrados sobre sus labios. Fue tratado para esquizofrenia y psicosis inducida por drogas, después fue dejado en libertad bajo la custodia de su madre. Poco después, su madre le quitó su medicamento. Así fue como la pesadilla comenzó de nuevo.

Chase tuvo un episodio que duró casi un año en el cual asesinó a 6 personas inocentes. Empezó con un ingeniero de 51 años, Ambrose Griffin, al cual le disparó con un rifle. Después, le disparó a Teresa Wallin, quien tenía tres meses de embarazo; la mutiló y fornicó con su cadáver antes de bañarse en su sangre. Luego visitó a Evelyn Miroth, la asesinó a ella, a su hijo de 6 años, Jason, y a su sobrino David y su amiga Danny Meredith. Después de realizar sus usuales rituales de necrofilia y canibalismo huyó hacia su apartamento, donde se bebió la sangre del bebé, y devoró parte de su cerebro y otros órganos antes de dejar el cuerpo en el panteón.

. . .

Poco después la policía lo atrapó. Su apartamento estaba lleno de evidencia sangrienta de sus horribles actividades, pero afirmó su inocencia al decirle a la policía que solo había asesinado un par de perros. Afortunadamente, los oficiales no le creyeron y fue arrestado. Durante su juicio en 1979, a pesar de haberse declarado inapto para tener un juicio gracias a un retraso mental, fue encontrado culpable de homicidio en primer grado en todos los casos y sentenciado a muerte. Un año después, mientras esperaba su destino, cometió suicidio por sobredosis de antidepresivos que habían sido recetados por el médico de la prisión.

Recientemente han existido otros reportes de asesinos que creían haber sido vampiros, tales como Manuela y Daniel Ruda, quienes asesinaron a su amigo Frank Hackert "en honor a Satan", bebieron su sangre, y posteriormente tuvieron relaciones en un ataúd. Ambos negaron tener responsabilidad por el asesinato. En su juicio, se declaró que sufrían un trastorno de personalidad severo, y fueron sentenciados a prisión en unidades psiquiátricas seguras.

Desafortunadamente, estos no son casos aislados. Uno de los más perturbantes aspectos del caso de los Ruda fue que la pareja había recibido una gran cantidad de correo de fanáticos de los vampiros.

Hoy en día, existe la especulación de que el culto satánico de los vampiros está incrementando, especialmente en áreas de poca capacidad económica donde existen casos serios de enfermedades mentales, especialmente en jóvenes, que no son tratadas por falta de recursos. Por otro lado, los casos en los cuales un individuo que se cree vampiro termina por asesinar a otro ser humano continúan siendo relativamente pocos.

Vlad el empalador

Vlad el empalador, popularmente conocido como Drácula, era un príncipe romaní del siglo 15 que ha pasado a la historia como uno de los gobernantes más sanguinarios de todos los tiempos. Su método preferido de tortura era empalar a sus víctimas en estacas de matera, esto no solo les aseguraba una muerte lenta y agonizante, sino que también alentaba a los espectadores, tanto soldados como civiles, a rendirse inmediatamente ante sus tropas.

. . .

Era completamente despiadado gracias a su deseo de dominar, y las historias de su cruel trato hacia las madres y niños, así como los hombres adultos, abundan.

No hay duda de que Vlad era un gobernante extremadamente barbárico, pero algunos creen que las historias sobre que era un adorador del demonio y un sádico, que se deleitaba con sus crímenes sedientos de sangre, son exagerados. Es cierto que muchos de sus enemigos, especialmente aquellos que eran partidarios del imperio Otomano que buscaba conquistar Rumania durante ese tiempo, le temían y lo odiaban. Se rumora que habían empalado a miles de hombres ordinarios, mujeres, y niños, en el transcurso de la guerra, o por cualquier tipo de resistencia ante sus edictos draconianos. Sin embargo, entre sus propias personas, era admirado como un valiente guerrero de la libertad, quien defendió su país de los turcos por décadas. Como quiera que fuere, su reputación como asesino serial dio a pie el nacimiento de muchos mitos y leyendas, y su nombre, inspiró la clásica novela de Bram Stoker titulada Drácula que fue escrita muchos siglos después.

. . .

Se cree que Vlad el empalador nació en la ciudad de Sighisoara, que se encuentra en la actual Rumania, aunque en esos tiempos pertenecía a Transilvania. Era el segundo hijo de un príncipe Valaco llamado Vlad "Dracul", quien estaba viviendo su exilio en esa ciudad. Vlad "Dracul" era un jefe de guerra que había sido iniciado en una sociedad real, la "orden del dragón", lo que justifica su apodo "Dracul".

Durante los tiempos medievales el dragón era un sinónimo de diablo, y en el idioma romaní la palabra Dracul significa demonio. El hijo de Vlad Dracul llegó a ser conocido como Drácula, lo que significaba "el hijo del dragón" – en otras palabras, hijo del diablo. Ciertamente le hizo honor a su nombre, como lo registra la historia.

Vlad "Dracul" y su familia estaban siendo acosados por el sultán otomano, y los forzó a trabajar para él como vasallos, y vivir en el exilio lejos de su tierra natal. Además, Vlad fue forzado a entregar a dos de sus hijos como rehenes. Su otro hijo, el hermano mayor de Vlad, fue asesinado de la manera más agonizante, cegado con estacas de hierro y enterrado vivo por sus enemigos. No es de sorprenderse que Vlad creciera con un gran odio hacia los turcos, y también hacia los boyardos, aristócratas de alto rango de Rusia, Moldavia, y Valaquia que con frecuencia eran desleales y competitivos con Vlad "Dracul" y su familia.

Cuando el padre de Vlad fue asesinado en 1447, sus años de espera habían terminado, y era su turno de gobernar.

Decidió hacerlo de la mano de la venganza, y así la tomó de todos sus enemigos por las humillaciones pasadas que su familia había sufrido en el pasado.

Vlad Drácula construyó un ejército y luchó contra los otomanos, invadió Valaquia (la actual Rumania) y logró recuperar el control de la zona. A pesar de sus terriblemente barbáricos métodos de lucha, era idolatrado por su gente, ya que había logrado desterrar a los otomanos y retomar el trono de su tierra natal. Sin embargo, aún tenía una tarea Herculiana que cumplir. Después de muchos años de ser gobernada incorrectamente, Valaquia se había convertido en un país miserable y azotado por la pobreza donde la economía había colapsado por completo y el crimen era endémico. Vlad se dispuso a restaurar el orden, lo que significaba que, antes que todo, debía eliminar cualquier amenaza a su poder. Para frenar a los boyardos, reclutó individuos de niveles bajos de la sociedad como caballeros y les asignó posiciones altas en el gobierno. También detuvo el comercio entre los boyardos y los sajones que se habían instalado en Transilvania. Cuando los boyardos opusieron resistencia, su respuesta fue empalar a los oficiales sajones de la ciudad de Kronstadt a manera de advertencia para que otros no desobedecieran su autoridad. Vlad era igualmente hostil hacia otros clanes rumanos, capturó y asesinó a dos de sus príncipes, y ciudadanos ordinarios que los habían protegido. Existieron historias de que miles de ciudadanos habían sido empalados, lo cual le otorgó al nuevo gobernante el sobrenombre de Vlad Tepes – Vlad el empalador; pero a pesar de que algunas de estas versiones incluían cierta verdad, parece ser que los números reales fueron exagerados por sus enemigos.

Sin importar cual sea la verdad al respecto, no hay duda de que Vlad se estaba haciendo una reputación como un guerrero sanguinario y nada piadoso. En 1461, después de hacer una alianza con los húngaros, marchó hacia el territorio Otomano al sur de Danube y sembró el miedo en la población. Después presumió que había matado a más de 20,000 turcos y búlgaros al quemarlos vivos dentro de sus hogares y cortarles la cabeza.

. . .

El sultán otomano respondió con un gran ejército de 90,000 hombres para contrarrestar la batalla. Nada pudo haber preparado a los soldados para lo que sucedió cuando llegaron a la región para librar su batalla. Fueron recibidos por un escenario horrible, miles de prisioneros turcos muertos y agonizantes empalados en estacas y colocados a lo largo del campo como un sangriento bosque humano. La reputación de Drácula como un asesino en masa fue sellada desde este momento y era temido a lo largo de Europa como un hombre que no se detendría ante nada para conservar su poder y posición.

Sin embargo, sin importar lo despiadado que era, el ejército de Vlad no era competencia para el poder del imperio otomano, y los turcos eventualmente marcharon hacia Rumania y atacaron su castillo.

Durante la toma del castillo, su esposa se arrojó de una torre hacia el río que estaba debajo, declaró que preferiría permitir que su cuerpo se pudriera bajo el agua y devorado por los peces que caer cautiva en manos de los turcos.

. . .

Cuando el castillo fue finalmente tomado, el sultán arrojó a Vlad a prisión, y colocó a su medio hermano, Radu el Apuesto, en el trono de Valaquia.

Vlad se pudrió en prisión por un tiempo – aún es discutido cuánto – pero, al formar otras alianzas con la corona húngara, finalmente fue liberado. Se convirtió al catolicismo y desposó a una condesa húngara, con quien tuvo dos hijos, y se dispuso a reconquistar su tierra nativa, y fue respaldado entusiásticamente por sus hombres.

En 1476, fue asesinado durante una batalla cerca de Bucarest.

Después, los soldados turcos le cortaron la cabeza y se la enviaron al sultán, quien la expuso en Estambul – irónicamente, en una estaca.

Isabel Bathory

. . .

La condesa que reinó durante el año 16, Isabel Bathory, ha pasado a la historia como la asesina serial más prolífica de todos los tiempos, y algunos creen que ella, junto con Vlad el empalador y otros, fue la inspiración detrás de la novela "Drácula" de Bram Stocker. Bathory fue acusada de abusar sexualmente, torturar, y asesinar a más de 600 víctimas en su castillo remoto, todas mujeres jóvenes y niñas, algunas de ellas vírgenes. Había versiones de testigos donde afirmaban que mutilaba los genitales de las niñas y arrancaba la piel de sus brazos, piernas, y rostros con sus dientes. La leyenda dice que también se bañaba en la sangre de sus víctimas creyendo que eso la rejuvenecería, pero si esto es cierto o no aún se encuentra en debate. Algunos historiadores también han argumentado que el número de víctimas es exagerado. Sin importar los detalles exactos del caso, queda claro que Bathory era una demente monstruosamente malévola cuyo trato sádico que tenía con sus sirvientas fue más allá de la callosa crueldad contra la servidumbre que era considerada aceptable entre la nobleza de ese tiempo.

Erzsébet Báthory, su nombre de pila húngaro, nació en 1560 en Nyírbátor, Hungría. Sus padres eran familiares.

. . .

Su padre, George Báthory provenía de la línea familiar Bathory, en Ecsed, mientras que su madre, Anna, venía de la rama Somlyo. Los Bathory eran una familia aristócrata protestante poderosa, cuyos miembros incluían a príncipes, jefes de guerra, clérigos, y políticos. Uno de los primos de Isabel era el rey de Polonia, y otro se convirtió posteriormente en el Palatino de Hungría. Para poder preservar la pureza de su linaje, la familia Bathory alentaba el matrimonio intrafamiliar. Esto pudo haber contribuido a la locura de Isabel, que se manifestó durante su niñez en forma de ataques epilépticos e ira incontrolable. Su hermano Estefan también parecía estar afligido por un desbalance mental, y creció como un alcohólico y depravado sexual.

Además de esta decadente herencia genética, la cordura de Isabel pudo haber sido afectada al atestiguar la extrema crueldad que las personas de su privilegiada familia les demostraban a las personas a su alrededor. La realeza húngara de la época trataba a sus inferiores como animales o peor, y una despiadada retribución le esperaba a cualquiera que los traicionara. En una ocasión, Isabel atestiguó el castigo de un gitano que había sido acusado de robo. Fue incrustado en el estómago de un caballo con solo su cabeza hacia fuera y abandonado para morir solo.

. . .

Con estos perversos actos barbáricos sucediendo a su alrededor, no es sorpresa que la joven Isabel llegará a interpretar el trato sádico de sus sirvientes como algo normal a medida que creció.

Aún así, existían un par de aspectos positivos de las experiencias en la niñez de Isabel. Contrario a muchos de los aristócratas húngaros, recibió una educación formal en latín y griego. Se decía que era altamente inteligente, y su belleza con frecuencia también era reconocida.

Mientras aún era una niña fue prometida al Conde Ferenc Nádasdy, un hombre adulto que era un soldado y atleta renombrado. Pero a la edad de 14 años se embarazó de uno de los plebeyos del estado de su padre. Isabel fue desterrada a vivir en el campo donde dio a luz a una hija. La niña fue entregada a una pareja pueblerina e Isabel regresó a vivir entre la realeza.

Un año después, Isabel desposó a Nádasdy muy elegantemente. Los Bathory hicieron una gran y espléndida boda con una lista de invitados de 4,500 personas. El santo emperador romano, Maximiliano II, fue invitado, aunque no fue capaz de asistir y puso a "los peligros de viajar en tiempos turbios" como una excusa. En su lugar, envió una gran delegación y regalos costosos.

El evento fue de gran ayuda para incrementar el prestigio y poder político de la familia Bathory. Sin embargo, lo que sucedió después, no contribuyó tanto a esta causa.

Isabel se mudó con su nuevo esposo a los estados Nádasdy cerca del Castillo Sárvár. Aquí la familia Nádasdy tenía una reputación de ser gobernantes crueles, y Ferenc no era una excepción. Le enseñó a su joven esposa, quien aún era una adolescente impresionable, diferentes maneras de castigar a sus sirvientes y la alentó a tratarlos sin piedad o pena. También había rumores de que la pareja se involucró con lo oculto, y practicaban las artes oscuras y llevaban a cabo rituales satánicos juntos.

Cuando Ferenc abandonó su hogar para seguir con sus estudios y su carrera como soldado, Isabel se quedó por su cuenta. Para pasar el rato, viajó entre sus diferentes castillos y se involucró con una variedad de amantes, y en un punto incluso se fugó con uno de ellos, antes de regresar dócilmente al lado de su marido. También visitaba a sus familiares, pero en la familia Bathory-Nádasdy estas no eran una serie de eventos sociales aburridos. Prontamente descubrió que muchos de los miembros de su familia eran tan voraces sexualmente como ella. En particular, formó una amistad con una tía que era abiertamente bisexual, y quien tenía muchos amantes.

Todo esto parecía ser tolerado por su esposo, y la sociedad húngara en general. En todos los sentidos la nobleza húngara tenía tal poder durante este periodo que nadie se atrevía a comentar sobre su decadente manera de vivir, y este fue un factor que impulsó a la joven Isabel a dejarse llevar por sus perversiones por completo.

Extrañamente, a pesar de su héctica actividad sexual, Isabel encontró el tiempo para engendrarle a su esposo tres hijas y un varón. Aún más extraño es el hecho de que era una madre afectiva y amable en todos los sentidos, y se encargaba de que sus hijos estuvieran bien cuidados.

. . .

Sin embargo, se comprobó qué una de sus nodrizas, Ilona Jó, era una cómplice de sus crímenes, así como muchos otros sirvientes bajo su tutela. Es otra contradicción en esta historia bizarra que estos sirvientes, que estaban devotamente comprometidos con el cuidado de sus hijos, pudieran haber demostrado tal barbaridad en su comportamiento hacia otros.

Mientras su esposo estaba lejos, Isabel se hospedó en una de las propiedades más remotas de la familia, el castillo Cachtice, el cual había sido un regalo de bodas de su marido.

En este lugar usaba sus habilidades para administrar los negocios de la familia, en algunos casos incluso proveyendo ayuda y asistencia para destituir a familias plebeyas. En este tiempo su esposo era el comandante de jefe de las tropas húngaras, y estaba comprometido de tiempo completo a luchar en la guerra contra los otomanos. Isabel fue encargada con el trabajo de defender los estados de las incursiones otomanas; los estados y castillos estaban colocados en posiciones estratégicas, incluyendo la ruta a Viena y el borde húngaro.

. . .

A pesar de su ocupado trabajo, Isabel había encontrado una manera de entretenerse con un pasatiempo que eventualmente llevaría a su acabóse: torturar a sus sirvientas.

Especialmente le gustaba azotarlas con un látigo de púas, o una porra, y después arrastrarlas desnudas hasta la nieve. Luego les arrojaba agua helada para que se murieran congeladas. Era asistida en estas sangrientas actividades por tres figuras modestamente siniestras: Ilona Jó, su nodriza; una mujer imponente y grande de la localidad llamada Dorothea Szentes, conocida como Dorka, quien tenía la reputación de ser una bruja; y un enano inválido, Johannes Ujvary, apodado Ficzko.

En 1604, el esposo de Isabel, Ferenc, murió aparentemente de una herida infligida en batalla, aunque había rumores de que había sido atacado por una prostituta después de negarse a pagar por sus servicios. Después de su muerte, Isabel volvió al Cachtice su hogar permanente – desafortunadamente para los pueblerinos locales.

. . .

Albergó a una mujer llamada Anna Darvula, quien se convirtió en su amante. Como Szentes, Darvula era temida por su reputación de bruja. Después salió a luz que Darvula era la más sádica entre el grupo de Bathory, y que bajo su tutela Bathory se volvió más salvaje que nunca.

No había faltas de mujeres jóvenes que quisieran trabajar en el castillo: los tiempos eran difíciles para la clase baja húngara, e Isabel prometía salarios altos para su equipo femenino. Fue solo hasta que las sirvientes mujeres empezaron a desaparecer que los rumores surgieron, y el entusiasmo de las chicas locales por trabajar para la condesa Bathory se disipó repentinamente.

Además, durante el mismo periodo, en 1609, la amante de Isabel, Darvula, falleció.

Isabel encontró una nueva amante inmediatamente, la viuda de uno de sus arrendadores granjeros, Erszi Majorova, quien la ayudó a resolver el problema de cómo encontrar víctimas. Bajo la sugerencia de Erszi, la condesa empezó a invitar a las hijas de nobles locales a quedarse en su castillo donde les imponía el mismo trato que a las sirvientas. Cuando las chicas no regresaron a casa, las alarmas comenzaron a sonar. Si la condesa hubiera continuado torturando únicamente a plebeyas probablemente jamás la hubieran capturado; no fue hasta que perdió la cabeza y empezó a casar a los nobles que su reino de terror fue descubierto.

Gilles de Rais

Gilles de Rais fue un noble del siglo 15 cuya sed de sangre – en particular la sangre de mujeres y hombres jóvenes – lo marcó como uno de los asesinos seriales más prolíficos de la historia. El número exacto de víctimas que tomó aún no es conocido, porque quemó o enterró la mayoría de los cuerpos, pero se cree que se encuentran entre 80 y 200 personas. Algunos estimados incluso han colocado la cantidad cerca de los 600. Los detalles de sus crímenes, que eventualmente surgieron durante su juicio, estremecieron a toda Europa, y aún son difíciles de leer hoy en día.

De la misma manera que su contraparte femenina, Isabel Bathory, quien vivió un siglo después, usó su posición social poderosa para tomar ventaja y violar, torturar, y asesinar a sus víctimas inocentes, y continuó su depravado estilo de vida y violencia criminar por muchos años impunemente.

Gilles de Rais nació en 1404, el hijo de un noble rico llamado Guy de Montmorency-Laval y su esposa Marie de Craon. Cuando tenía nueve años su padre falleció. Su madre se volvió a casar inmediatamente y abandonó a Gilles y su hermano Rene. Dos años después también murió y los hermanos huérfanos fueron mandados a vivir con su abuelo, Jean de Craon. En todos los sentidos, Craon era un individuo malhumorado que tenía poco interés en sus nietos más allá de entregarlos en matrimonio, mientras aún eran niños, a varias herederas adineradas. Sin embargo, como parte de su plan, también se aseguró de que recibieran una educación excelente. El joven Gilles hablaba latín fluido, y se decía que amaba la música. De acuerdo con algunas fuentes, particularmente disfrutaba leer Suetonio, quien describía gráficamente los detalles de las aventuras sexuales de emperadores romanos perversos. También estaba instruido en las caballerosas artes de la guerra, y después se distinguió ampliamente en su carrera como soldado luchando al lado de Juana de Arco.

. . .

Durante su adolescencia, Gilles fue llevado a la corte del delfín francés, donde impresionó a la nobleza con su inteligencia y buen parecer. De Craon hizo varios intentos sin éxito de desposarlo con algunas de las herederas más ricas de Francia, incluyendo a Jeanne de Paynol y Beatrice de Rohan, pero no lo logró. Eventualmente, le aseguró un compromiso con Catherine Thouars de Bretaña, una heredera extremadamente rica de Poitou y La Vendée. La pareja se casó como prometido, y Catherine le engendró una hija, Marie, en 1429. Para este tiempo Gilles se había convertido en uno de los nobles más ricos de Francia.

Desde inicios de su carrera, Gilles de Rais luchó por el control de Bretaña al lado de la casa Montfort, en contra de una casa rival liderada por el conde de Penthievre, Olivier de Blois. Eventualmente, logró superar a sus enemigos y asegurar la liberación del duque de Montfort. Por esto fue recompensado con tierras, las cuales el gobierno de Breton convirtió en regalos monetarios para él. Entre sus compromisos de batalla pasaba su tiempo en la corte aprendiendo modales refinados y disfrutando la compañía del delfín, lo que lo ayudó a avanzar en su carrera. De 1427 a 1435 sirvió como comandante en el ejército real de Francia y ganó una reputación como un guerrero valiente en el campo de batalla durante el combate en Saint Lo y Lc Mans. En una ocasión, durante la batalla por el control del Chateau de Lude, trepó una torre y asesinó al capitán del otro bando.

Sin embargo, durante estas batallas empezó a relucir la naturaleza sádica de Gilles. Disfrutaba de las matanzas y sentía un deleite especial al matar a sus enemigos, ya sea atravesándolos con una espada o pisoteándolos con su caballo. En ese tiempo, esto no era generalmente desaprobado, y en lugar de ser considerado un sádico brutal, Gilles era colocado como un ejemplo de un valiente y respetable joven caballero.

Haberse retirado del ejército pareció tener un efecto terrible en el joven y adinerado caballero. Empezó a despilfarrar su fortuna produciendo un espectáculo teatral llamado "el misterio del Calvario de Orleans" en la cual tenía el papel principal. La producción empleó a cientos de actores y trajes, y a la audiencia se le regaló suntuosa comida y bebida. No es de sorprenderse que poco después empezara a quedarse sin dinero, y se vio forzado a vender muchas de sus propiedades. Su hermano Rene estaba tan preocupado sobre el despilfarro de su hermano que le pidió ayuda al rey.

El rey decretó un edicto que le prohibía vender más de sus tierras. Al verse de manos atadas, Gilles desvió su atención a otros pasatiempos.

Fue durante este periodo que de Rais empezó a rendirse ante sus vicios secretos. Procuró a un joven chico de la calle llamado Poitou y lo llevó a su castillo para violarlo.

Estaba a punto de cortarle la garganta cuando uno de sus acompañantes hizo la observación de que podría volverse un buen paje. Gilles le perdonó la vida y Poitou se volvió uno de sus sirvientes. Otros no fueron tan afortunados.

En los años siguientes, Gilles de Rais continuó torturando y asesinando a una serie de niños entre 6 y 16 años, la mayoría de ellos varones. De acuerdo a algunos testigos, prefería llevar a cabo sus viles crímenes con niños, pero usaba a niñas si era necesario. La necesidad de sangre le llegaba como un ataque de epilepsia, como si fuese un vampiro, y no podía descansar hasta que su sed fuera saciada.

· · ·

Mandaba un sirviente a persuadir a un niño de ir a su castillo. De Rais pretendía tratarlo amablemente, lo acariciaba y le ofrecía algo de beber. Después, lo desnudaba, lo colgaba de un gacho, y lo torturaba. Después, uno de sus asistentes cortaba la garganta del joven, lo cual parecía deleitar inmensamente a de Rais. Después de esto, los órganos eran extirpados para que de Rais jugara con ellos, se agachaba sobre las entrañas y se masturbaba.

Una vez que estaba saciado, se desmayaba y era cargado hacia su cama para descansar mientras sus sirvientes disponían del cuerpo.

Lo hacían quemándolo y desmembrándolo. En algunos casos, dos chicos eran procurados al mismo tiempo, y uno era forzado a ver la tortura y asesinato del otro antes de que su destino se cumpliera también.

Es difícil de creer que tales crímenes fueron impunes por años, pero trágicamente eso fue lo que sucedió. La mayoría de las víctimas de Gilles eran chicos jóvenes de baja clase social, y ya que él era un noble, sus acciones nunca fueron cuestionadas, ya que esta era la norma durante este periodo de la historia europea.

. . .

Además de su sed de sangre, de Rais también tenía una fascinación por lo oculto. Estaba quedándose sin dinero, así que recurrió al prohibido arte de la alquimia como una fuente. Encontró a un mago llamado Fontanelle, quien afirmaba haber invocado a un demonio llamado Barron. De Rais accedió a vender su alma a este demonio a cambio de la habilidad de crear oro. Así que Fontanelle, de Rais, y su primo de Sille, entraron al calabozo de uno de sus castillos por la noche para llevar a cabo rituales mágicos. Sin embargo, todo lo que ocurrió fue que el techo se desplomó sobre ellos, y de Rais apenas logró escapar de la muerte.

Sin desalentarse, de Rais contrató a otro mago, un apuesto joven llamado François Prelati, para continuar su búsqueda de oro. Prelati le aconsejó que la sangre y partes del cuerpo de un niño debían ser ofrecidos al demonio, y realizó varios ritos que asombraron a un muy manipulable Gilles, pero fallaron en otorgarle el tesoro que buscaba. En una ocasión, Prelati pretendió haber soportado una paliza de parte del demonio; en otra, le dijo a su cliente que una gran pila de oro lo aguardaba en la habitación contigua, pero una gran serpiente verde lo protegía. De Rais se retiró solo para darse cuenta más tarde que el oro había desaparecido misteriosamente.

. . .

No es de sorprenderse que durante estos años de locura y depravación la familia de Rais lo hubiera rechazado, pero cuando escucharon que estaba a punto de vender uno de sus castillos, el Chateau Champtoce, desafiando el edicto del rey, decidieron expropiarlo. De Rais temía que finalmente encontrarían los muchos cuerpos de los niños asesinados ahí, pero afortunadamente para él, no lo hicieron. Sin embargo, como una precaución, empezó a remover los cuerpos de sus otros castillos, y después tomó la oportunidad de cubrir su rastro en Champtoce.

Su comportamiento comenzó a volverse más errático.

Vendió el Chateau Mer Morte, pero decidió tomarlo de regreso al robar las llaves del hermano del nuevo dueño, Jean de Ferron, quien era un sacerdote. De Rais y sus hombres llegaron a la iglesia, lo arrastraron fuera, y lo golpearon hasta que les entregara las llaves. Después, de Rais pasó la noche en un pueblo llamado Vannes donde, para celebrar, violó y decapitó a un niño de 10 años, y después arrojó el cuerpo del niño en una letrina.

. . .

Este ataque hacia el sacerdote fue la oportunidad que estaban esperando las autoridades. De Rais fue arrestado y en 1440 fue invocado en la corte. Una gran cantidad de testigos, incluyendo a los padres de algunos niños, atestiguaron en su contra. De acuerdo con la moralidad bizarra de la época, el principal cargo en su contra era herejía (porque había entrado violentamente a la iglesia y atacado a un sacerdote) pero también había sido acusado de otras ofensas, incluyendo la violación y asesinato de niños. En total, se enfrentaba a 47 cargos que iban desde "abuso privilegio clérigo" hasta "la invocación de demonios", y "vicios en contra de la naturaleza".

En total, hubo 110 testigos en el juicio, lo que atrajo una tremenda cantidad de atención a lo largo de Francia.

Los registros de la corte muestran que las descripciones que los sirvientes dieron de los asesinatos fueron tan horripilantes que los jueces ordenaron que partes de sus testimonios fueran borrados u omitidos. Uno de los sirvientes de Gilles, Etienne Corillait, conocido como

Poitou – quien experimentó de primera mano el sadismo de Gilles habiendo sido una víctima de asesinato que luego fue perdonado – dio descripciones gráficas de la forma en la que de Rais obtenía el máximo disfrute de sus horripilantes crímenes.

"Obtenía un considerable nivel de placer al ver las cabezas de los niños separarse unos de sus cuerpos. A veces hacía una incisión en la parte de atrás del cuello para hacerlos morir lentamente, lo cual lo excitaba… a veces preguntaba, después de que morían, cuál de ellos tenía la cabeza más bonita."

Corillait también describió, con lujo de detalle, como de Rais se masturbaba sobre los cuerpos de los niños, tanto cuando estaban muertos como cuando estaban vivos.

Algunos creen que algunos de estos hechos, que fueron extraídos bajo tortura, eran exagerados. Ciertamente, de Rais fue tan brutalmente torturado que, para el final del juicio, estaba confesando a lo que fuere.

Su juicio fue una farsa, incluso para los bajos estándares de la época, y la principal objeción a su comportamiento parecía ser que era la herejía, en lugar del hecho de que había asesinado a docenas, si no es cientos, de niños inocentes. Eventualmente, fue sentenciado a muerte, decapitado, y su cuerpo fue arrojado a ser cremado. Sin embargo, antes de que fuera incinerado, se le permitió a su familia retirar el cuerpo para enterrarlo.

Peter Kürten

El vampiro de Düsseldorf fue quizá el más notorio entre el repertorio de asesinos seriales que atemorizaron a Alemania en los años entre las guerras mundiales. Este fue un período de terrible pobreza en el país, lo que resultó en un colapso social, crímenes de todos los tipos incluyendo asesinado, abducciones, y abusos de adultos y niños, estaban en su apogeo. En el punto más alto de las actividades de Peter Kürten durante 1929 llevó a cabo tantos ataques en contra de una gran variedad de víctimas que la policía asumió que debían ser diferentes asesinos, no solo uno. Kürten fue apodado "el vampiro" gracias a su obsesión por la sangre de sus víctimas. Se creía que la bebía, pero no había evidencia concreta de que así fuera.

. . .

Lo que era indiscutible era que era una persona sádica que obtenía placer de asesinar, y particularmente de observar la sangre de sus víctimas drenarse de sus cuerpos.

Peter Kürten nació entre una desesperante pobreza en Köln-Mullhein el 26 de mayo de 1883. Era miembro de una familia de trece quienes vivían en una única habitación. Su padre era un alcohólico violento quien regularmente llegaba a casa a violar a su esposa en frente del resto de su familia. Después, la atención de este vicioso y violento hombre se desviaron hacia su hija de 13 años.

Fue solo hasta este punto que su esposa se puso firme e hizo que lo arrestaran. El padre de Kürten fue enviado a prisión por violar a su hija. Mientras estaba ahí, su esposa se divorció de él.

Tristemente, este lastimoso inicio de su vida había tenido un efecto importante en el joven Peter. Cuando era niño, se volvió amigo de un cazador de perros que vivía en el mismo edificio. Este hombre era un sádico que torturaba y abusaba sexualmente de los animales, y enseñó al joven Peter a hacer lo mismo. Durante el mismo periodo, Pete empezó a abusar sexualmente de sus hermanas tal como había observado a su padre hacerlo.

Por sí mismo, Kürten realizó sus primeros asesinatos cuando tenía 9 años, cuando conspiró a ahogar a dos de sus amigos mientras estaban jugando en una balsa en el río. Sin embargo, esto se interpretó como un accidente, y no se le asignaron cargos por los asesinatos. Si hubiera sido acusado, las vidas de muchas personas habrían sido salvadas.

Con la llegada de la pubertad, las cosas fueron de mal en peor. Kürten se volvió un masturbador compulsivo quien empezó a experimentar con la bestialidad. Mientras tenía sexo con una oveja sintió la necesidad de apuñalar al animal, y encontró que particularmente disfrutaba de dicha actividad.

A la edad de 16 años había huido de casa. Logró mantenerse con crímenes callejeros, lo cual hizo que tuviera unas pequeñas visitas a prisión. Cuando no estaba en prisión, tendía a formar relaciones con prostitutas masoquistas que eran mucho mayor que él. Durante este tiempo, también afirmó que había llevado a cabo sus primeros asesinatos como un hombre adulto, había ahorcado a una chica durante el sexo en algún punto de 1899.

Nunca se encontró un cuerpo, así que esto no puede ser verificado.

Un año después fue encarcelado por intentar dispararle a una chica.

Al ser liberado en 1904, Kürten fue reclutado por el ejército. Poco después desertó y obtuvo un nuevo interés: prenderle fuego establos y manojos de heno con la esperanza de poder quemar a un vagabundo vivo. El siguiente año, recibió su sentencia de prisión más larga hasta ese momento, 7 años de prisión por robo.

Mientras estaba en prisión, afirmó que había envenenado a varios compañeros, aunque de nuevo esto no puede ser comprobado. Lo que está claro es que su visita extendida a la prisión incrementó sus violentas fantasías sexuales hasta lo máximo.

. . .

Cuando fue liberado en 1912, Kürten violó a una sirvienta. Un año después, se escabulló en un mesón y encontró a una niña dormida en su cama. La estranguló y luego le cortó la garganta, gozando la vista de su sangre saliendo de su cuello. A pesar de haber dejado un pañuelo con sus iniciales bordadas en la escena, logró salirse con la suya y el tío de la niña fue culpado en su lugar. Recientemente había tenido una pequeña pelea con su padre y por ello se sospechaba que había cometido el asesinato.

Kürten continuó atacando a varias mujeres más, ninguna fatalmente, antes de ser enviado a prisión de nuevo, esta vez por 8 años. Puesto en libertad en 1921, Kürten se mudó al pueblo de Altenburg y, por un tiempo, parecía haber cambiado. Conoció a una mujer local y se casó con ella, consiguió un trabajo estable como moldeador en una fábrica, y se volvió un sindicalista activo. Sin embargo, cuando en 1925 la pareja se mudó a Düsseldorf, su autocontrol comenzó a deshacerse. Quizá era el hecho de que había cometido muchos crímenes ahí antes; quizá su matrimonio había empezado a tener problemas; quizá se había cansado de su respetable vida. Sin importar la razón, volvió a sus malas andadas. Durante los siguientes cuatro años llevó a cabo una gran variedad de ataques sexuales a mujeres, generalmente involucrando intentos de estrangulación. Luego, en febrero de 1929, su reino de terror empezó verdaderamente.

El 3 de febrero, Kürten se acercó a una completa desconocida, una mujer llamada Frau Kuhn, en la calle.

Procedió a apuñalarla 24 veces, incluyendo varios golpes a la sien, y luego huyó corriendo, dejando su cuerpo en el pavimento. Increíblemente logró sobrevivir. Su siguiente víctima no tuvo tanta suerte. El 9 de febrero, solo seis días después, Kürten atacó a una niña de nueve años llamada Rose Ohliger.

La apuñaló 13 veces, de nuevo con ataques a la sien, que fueron suficientes para matarla. Se encontró semen en su cuerpo, se creía que pudo haberlo insertado en su vagina después de la muerte con su dedo. Luego intentó quemar el cadáver de la niña y dejó el cuerpo parcialmente quemado en un edificio en construcción.

Cinco días después, mató de nuevo. Esta vez su víctima era un hombre, un mecánico de 45 años llamado

Scheer. A Scheer lo apuñaló 20 veces, de nuevo incluida la sien. La policía estaba anonadada. Las heridas de cuchillo en el cuerpo de la víctima indicaban que había sido el mismo asesino que antes, pero en términos de la víctima, no parecía seguir el patrón. Quien quiera que fuera el asesino parecía elegir sus víctimas al azar, sin ninguna motivación sexual o de otro tipo obvia.

Los demonios de Kürten estuvieron satisfechos por un tiempo. Esperó pacientemente mientras un vagabundo fue arrestado por sus crímenes y solo fue sospechoso por poco tiempo. Cuando el vagabundo fue declarado inocente, Kürten esperó hasta agosto para volver a asesinar. Otras tres víctimas fueron atacadas por puñaladas aparentemente al azar, pero sobrevivieron. Luego, el 24 de agosto, dos niños, Gertrude Hamacher de 10 años y Louise Lenzen de 14, fueron abordados por él mientras regresaban a casa de una feria.

Kürten salió de las sombras y los estranguló antes de cortarle la garganta de Gertrude y decapitar a Louise.

Al día siguiente, atacó a otra mujer, Gertrude Schelkter, cerca de otra feria. Cuando le pidió sexo, ella respondió que preferiría morir, a lo que él respondió "entonces muere". La apuñaló varias veces. Sorpresivamente, ella logró sobrevivir el ataque, y fue capaz de darle a la policía una descripción de su asaltante.

Otros tres intentos de estrangulación ocurrieron en septiembre de ese mismo año antes de que Kürten confundiera de nuevo a la policía al cambiar el arma que usaba. Sus otras dos víctimas, Ida Reuter y Elizabeth Dirries, murieron de contusiones fuertes en la cabeza ocasionadas por un martillo. Kürten regresó a su modus operandi previo para su siguiente víctima, Gertrude Albernaman de 5 años. Kürten la estranguló y apuñaló 36 veces. En este punto, parecía que Kürten estaba deseoso de ser atrapado. Envió direcciones sobre dónde podía ser encontrado el cuerpo a un periódico local.

Continuó con su pequeña jugarreta al informarse a los periódicos sobre la localización de una víctima previa desconocida, Maria Hahn, a quien había violado y apuñalado en agosto.

Los residentes del área se habían comenzado a caer en pánico por los asesinatos, y además de Alemania todo el mundo estaba nerviosamente esperando por el siguiente movimiento de este monstruo. Ninguna comunidad había estado tan traumatizada por solo maniaco desde Jack el destripador.

Kürten se quedó silencioso una vez más. Por un tiempo, parecía como que había simplemente desaparecido. Pero el 14 de mayo de 1930, abordó a una mujer joven llamada Mari Budlick quien estaba buscando trabajo. La llevó a su casa y luego hacia el bosque donde intentó violarla. Ella se resistió y, impresionantemente, él simplemente la dejó huir. Ella fue a la policía y les dijo dónde vivía su atacante. Incluso entonces Kürten logró evadir su captura al principio. Cuando vio a la policía llegar a su casa, rápidamente huyó y rentó una habitación en la esquina contraria. Después, llamó a su esposa y le confesó sus crímenes. Decidió que ella debería recibir el dinero de la recompensa que había por quien lo entregara. Ella accedió al plan y el 24 de mayo organizó su entrega a la policía.

Cuando se acercaron a él, simplemente sonrió y dijo "no tienen porqué tener miedo".

. . .

Kürten, parecía, estaba tan aliviado como el resto de las personas de que la pesadilla hubiera terminado, fue enjuiciado, encontrado culpable de nueve asesinatos, y sentenciado a muerte por decapitación. Cuando estaba en prisión esperando su ejecución fue exhaustivamente entrevistado por psiquiatras. Les dijo que esperaba con ansias su muerte – no podía imaginar una emoción mejor que escuchar la sangre emanando de su cuello cortado.

La sentencia se llevó a cabo el 2 de julio de 1921. Hoy en día, Kürten aún es recordado como el "Vampiro de Düsseldorf", uno de los asesinos seriales más sanguinarios de la historia.

5

Vampiros imaginarios

En 1797 el famoso escritor y erudito alemán Johann Wolfgang Van Goethe escribió "La esposa de Corintio: Una mujer joven regresa de la muerte como una vampira y va a la casa de sus padres para seducir a un hombre joven que estaba viviendo con ellos. Sus padres, ansiosos de verla de nuevo, interrumpen a la pareja mientras están haciendo el amor, es ahí cuando la doncella les explica que se le ha permitido volver del inframundo para probar una noche de pasión con un hombre, pero ahora que ellos han roto el hechizo, debe regresar de nuevo. Entonces se convierte en un cadáver otra vez frente a sus ojos.

. . .

Ese mismo año, 1797, el conocido poeta inglés Samuel Taylor Coleridge empezó la primera parte de un poema narrativo largo, Christabel.

En el poema, el personaje central, Christabel, se encuentra con una mujer misteriosa, Geraldine, quien parece tener poderes mágicos. Aunque es muy hermosa, y se vuelve una amiga cercana y confiable de la inocente Christabel, así como con su padre, luego revela una cualidad demoníaca interior. A pesar de que los vampiros nunca se mencionan en el poema de Coleridge, el ambiente y la dinámica emocional entre los personajes, especialmente entre Christabel y Geraldine, tienen todas las características propias de una historia de vampiros.

El amigo de Coleridge, Robert Southey, otro poeta de la época romántica, como eran conocidos, también escribió una balada que involucraba a un vampiro, "La anciana de Berkeley". En esta historia, una anciana aparentemente respetable, y cuyos hijos eran un monje y una monja, invoca a sus hijos a su lado antes de morir. Para su sorpresa, les revela que había vivido una vida llena de terribles pecados, y les pide que atornillen y encadenen su ataúd para que el diablo no pudiera llegar a ella. Ella explica que:

"Me he envuelto en todo tipo de pecado, y del juicio ha llegado el momento, pero aseguré la vida de mis hijos, ¡Oh! ¡Recen, por mí, mis hijos!"

"Me he untado grasa de un infante, los demonios han sido mis esclavos, a niños somnolientos les he arrebatado el aliento, y atrasado con hechizos el sueño eterno, he llamado a los muertos de sus tumbas."

"Y el demonio ahora me tomará en fuego, mi hechicería castigará; y yo quien perturbó la tumba de un hombre muerto, nunca tendré mi propio descanso"

Los hijos hacen lo que pueden por su madre, pero sus esfuerzos por protegerla del demonio son en vano, él llega con un poderoso estallido de fuego y viento, como había prometido, para llevarla al infierno.

Durante el apogeo del fanatismo gótico por las historias y cuentos de fantasmas y lo sobrenatural, un poeta del norte de Inglaterra llamado John Stagg, conocido como el bardo ciego de Cumberland, escribió un poema llamado "El vampiro". En el prólogo, explica que la historia estaba "fundada en una opinión o reporte que prevaleció en Hungría, y muchas partes de Alemania, durante el principio del siglo pasado.

Después fue afirmado que, en varios lugares, se había escuchado de personas que dejaban sus tumbas y, por la noche, revisitaban las habitaciones de sus amigos a quienes, succionando, les drenaban la sangre mientras estaban dormidos.

La persona que había sido atacada seguramente se convertiría en un vampiro correspondientemente; y si no fuera por el pensamiento afortunado del clérigo, quienes ingeniosamente recomendaron penetrarlos con una estaca en sus tumbas, tendríamos en este momento un enjambre de chupasangres mucho mayor de los que tenemos ahora, quienes aún son numerosos"

Otro poeta romántico que escribió sobre los vampiros fue Johann Ludwig Von Tiecke en su poema "La novia de la tumba", y su historia "¡No despiertes a los muertos!". La historia era parte de una colección de leyendas urbanas del modelo de los hermanos Grimm, y fue publicada en Inglaterra en 1823. Cuenta la historia de Walter, un lord, y su esposa, Brunhilda. A pesar de compartir un amor apasionado y erótico, Brunhilda tiene un horroroso carácter, y aterroriza a los miembros de su hogar. Cuando Brunhilda muere repentinamente, Walter consigue una nueva esposa, Swanhilda, y engendran dos hijos. Pero Walter empieza a extrañar sus noches de lujuria con Brunhilda, y obliga a un hechicero a levantarla de la muerte al darle de beber la sangre de su cadáver. Brunhilda regresa más hermosa que nunca, pero con un temperamento peor, y un par de afilados colmillos. Se agasaja de la sangre de la servidumbre de su hogar y su familia hasta que todos han muerto.

Finalmente, traiciona a Walter también. Walter la asesina, y luego desposa a otra mujer, pero mientras está abrazado de su nueva amante, ella se convierte en una serpiente. El castillo se incendia, las paredes se derrumban, y mientras está moribundo por ser aplastado escucha una muerte que le comanda "¡No despiertes a los muertos!".

El tema de la hechicera seductora como un heraldo de la muerte era muy popular entre los poetas románticos, incluyendo a John Keats, cuyos poemas "La Lamia" y "La belle Dame San Merci" evocan la idea de una mujer fabulosamente hermosa quien se convierte en un ser sobrenatural. En estas historias, la mujer típicamente encanta a un hombre mortal hasta que sea su esclavo espiritual y deja su vida en pedazos.

Lord Byron, uno de los poetas románticos líder del género, quien famosamente era descrito por su cónyuge, Lady Carolina Lamb, como "loco, malo, y peligroso de conocer", también repitió este tema en su poema "El Giaour", que en realidad menciona a los vampiros por su nombre. La historia retrata una niña turca, Leila, quien se enamora de un pagano ("el giaour" del título". El infiel es castigado convirtiéndose en un vampiro. Se piensa que Lord Byron escuchó de los vampiros por primera vez durante su "gran tour" de Europa a finales del siglo 18.

Lord Byron también sirvió como un modelo para la primera historia de vampiros real: "El vampiro" por John William Polidori publicada en 1819. Polidori era el médico personal de Bryon, y en el verano de 1816, se quedó con Byron en Suiza en la Villa Diodati junto al lago Geneva. Él y Byron pasaron tiempo con el amigo de Byron Percy Shelley, la prometida de Shelley, Mary Godwin, y la hermanastra de Mary, Claire Clairmont.

Claire había tenido un amorío con Byron en Londres, y estaba embarazada con su hijo, pero Byron se negó a estar en su presencia a no ser que Shelley y su hermana estuvieran presentes.

El pequeño círculo de amigos se mantuvo dentro de casa por varios días durante ese verano porque estuvo lloviendo incesantemente. Para pasar el rato, leían historias del "Fantasmagoriana", una colección de horror de ficción que después fue traducida al inglés como "Historias de los muertos".

Luego propusieron un concurso de "escritura de horror", y empezaron a escribir sus propias historias. Mary Godwin, quien después se volvió Mary Shelley, tuvo la idea para su novela titulada "Frankenstein", quizá la novela de terror más famosa de todos los tiempos.

Por su parte, Lord Byron empezó una historia sobre un narrador que se embarca en un "gran tour" con un anciano, Augustus Darvell. A medida que progresa el viaje, Darvell se debilita más y más hasta que, cuando llegan al cementerio, su rostro se vuelve negro y su cuerpo empieza a descomponerse. Byron tenía la intención de que Darvell regresara a la vida como un vampiro, pero nunca terminó la historia, y se la dejó a su amigo Polidori para revivirla.

No mucho después de esta estancia en Suiza, John Polidori y Lord Byron dejaron de lado su amistad, y Polidori se dedicó a viajar, y eventualmente regresó a Londres. Sin embargo, Polidori se había inspirado por el fragmento de Lord Byron a escribir su propia historia corta, "El vampiro". Su héroe, Lord Ruthven, un aburrido y privilegiado aristócrata, estaba basado en la personalidad de Lord Byron. "Lord Ruthven" era un nombre originalmente usado en la novela de Lady Caroline Lamb "Glenarvon", un retrato delgadamente disfrazado de su examante.

La historia de Polidori fue publicada en la revista "New Monthly" como "Una historia por Lord Byron" en 1819.

Tanto Polidori como Byron protestaron que Byron no era el autor, pero sin resultados.

En este periodo, Lord Byron era tan famoso que

el público – particularmente su ejército de admiradoras mujeres – aclamaban su trabajo. Byron no solo había formado una reputación como escritor, sino que también su indignante comportamiento había escandalizado a la sociedad inglesa, se había visto forzado a dejar el país, acusado de incesto y sodomía. Aunque fue injuriado en muchos lugares, como muchas de las ciudades modernas, su mal comportamiento e impactantes vínculos sexuales solo lo volvía más atractivo ante los ojos de sus admiradoras mujeres.

La historia se volvió una sensación inmediata, en parte porque se creía que Byron la había escrito, pero también porque satisfacía el entusiasmo creciente por historias de terror góticas del público. Además, era muy original, ya que transformaba al feo y bruto vampiro del folclor eslavo en un villano carismático, bien versado, y de la alta sociedad que conocemos hoy en día.

Drácula de Bram Stoker

. . .

Uno de los aspectos más significativos de "Carmilla", desde la perspectiva moderna, fue un precursor de "Drácula" de Bram Stoker.

Aunque Drácula era una novela mucho más larga y elaborada que Carmilla, la influencia del primer trabajo es evidente en muchas maneras. En el primer borrador de Drácula siete años antes de su publicación final en 1897, el remoto castillo del conde está localizado, como el castillo de Le Fanu, en Styria, Austria. Después, esto fue modificado, y Stoker volvió a Transilvania el lugar donde ocurría la historia. También había muchas similitudes entre los personajes de Carmilla y Lucy, la figura femenina vampiro central. Ambas eran mujeres hermosas que no solo eran deseadas por otros, sino que también tenían fuertes deseos sexuales por sí mismas. En adición a estas importantes similitudes, el "experto en vampiros" en la novela de Stoker, el profesor Abraham Van Helsing, tiene más que un simple parecido con el cazador de vampiros de Le Fanu, Baron Vordenburg.

Drácula fue una novela de extrema significación que, después de un comienzo relativamente lento, capturó la imaginación del público y nos proveyó con el molde para el género de horror de ficción. Críticos contemporáneos han señalado que hoy en día Drácula es conocida como una obra de ficción clásica, más que nada como resultado de la atención llevada hacia ella por las muchas versiones cinematográficas del libro que aparecieron en el siglo veinte; sin embargo, en el tiempo que fue publicada, era vista por la mayoría del público simplemente como una historia de aventuras para pasar el rato.

Hubo críticos victorianos que reconocieron su estado seminal e icónico y la compararon con otras novelas destacadas del género de horror tal como Frankenstein por Mery Shelley, pero en general, estos críticos eran pocos y espaciados.

Abraham Stoker fue el asistente personal de Henry Irving, un actor conocido y el dueño del teatro Lyceum en Londres. Además de su trabajo con Irving, Stoker también era un escritor prolífico de novelas e historias cortas. Como un habitante del teatro de London, Stoker entendía mejor que la mayoría el gusto popular por la acción dramática, grandes aventuras, y la fantasía gótica, y usó este conocimiento para hacer que su ficción fuera atractiva para los lectores.

. . .

Bram, como es conocido comúnmente, había nacido en County Donegal, el tercer hijo de siete hermanos. Su madre, Charlotte Thornley, fue una de las primeras feministas. La familia estaba culturizada, pero no del todo bien, cuando era niño, Stoker sufrió una gran cantidad de enfermedades. Estuvo postrado hasta los 7 años de edad. Durante este tiempo su madre solía leerle y contarle historias de fantasmas; era un niño imaginativo y, como él lo explica, "el ocio de una larga enfermedad permitió muchos pensamientos que fueron fructíferos… en el futuro"

A la edad de 7 años, Bram tuvo una recuperación milagrosa, terminó su educación, y continuó estudiando en el Colegio Trinity, en Dublín. Luego se convirtió en un crítico de teatro para un periódico local. Después de escribir sobre una presentación de "Hamlet" por Henry Irving, se volvió amigo del joven actor. Después, Stoker y su esposa se mudaron a Londres, donde empezó a trabajar para Irving, a quien había llegado a considerar un ídolo. (bautizó a su hijo con el mismo nombre en su honor)

Un hombre inteligente y culturizado que leía ampliamente y tenía muchos intereses, incluyendo el estudio del folclor, ciencia, medicina, criminología, y lo oculto. Stoker también estaba fascinado por el mesmerismo –

una técnica terapéutica que involucraba a la hipnosis. Tenía gran fe en el poder de la ciencia sobre las irracionalidades y la superstición, lo cual es irónico considerando que creó al personaje vampiro malévolo más famoso de la literatura inglesa. Sin embargo, uno puede argumentar que el objetivo de Drácula últimamente era ayudar a disipar el mito del vampiro de una vez por todas. Además, algunos críticos han señalado que, para el final del siglo 19, las creencias paganas supersticiosas paganas – al menos en Inglaterra – habían retrocedido hasta el punto de volverse posible tener un enfoque de lo sobrenatural más juguetón y entretenido.

Stoker escribió Drácula como una serie de cartas, entradas de diario, y partes de periódico hechas por distintos narradores, lo que le permitió tener el alcance para contar la historia desde distintas perspectivas. La aventura involucra a un joven abogado, Jonathan Karker quien visita a su cliente, el conde Drácula, quien vive en un remoto castillo en la montaña Carpathian. Harker considera a su anfitrión como elegante y amable, pero se da cuenta después de un rato que se encuentra atrapado en el castillo. El conde Drácula intenta conseguir tanta información sobre Londres, la ciudad natal de Harker, y da la impresión de que Drácula planea visitar la ciudad pronto.

. . .

Mientras tanto, el conde le advierte a Harker que no debe merodear por el castillo por la noche, pero Harker hace caso omiso e intenta escapar. Se encuentra con tres mujeres lujuriosas, las esposas de Drácula, quienes, como se intuye, son vampiros. Ellas atacan a Harker, quien es salvado al último minuto por el conde. Eventualmente, Harker consigue escapar y regresa a Londres en busca de la compañía de su fiel prometida, Mina Murray, y su amiga, la vivaz Lucy Westenra.

Sin conocimiento de Harker, Drácula emprende el viaje a Londres desde su castillo en Transilvania, y empieza a cazar a la población local.

No mucho después, Lucy cae víctima de una misteriosa enfermedad. Los médicos son llamados, incluyendo al profesor Abraham Van Helsing de Holanda. Van Helsing inmediatamente sospecha que Lucy había sido mordida por un vampiro, pero no les hace saber su preocupación, en lugar comienza a tratar a su paciente con transfusiones de sangre. En la noche que Van Helsing regresa a Amsterdam, Lucy y su madre son atacadas por un lobo enorme. Ambas mujeres, trágicamente, mueren poco después.

. . .

Después del entierro de Lucy, los reportes del periódico describen a una mujer hermosa que acosa a niños por la noche. Van helsing lee estos reportes y se da cuenta que Lucy se había convertido en un vampiro. Él y los varios pretendientes de Lucy acuden a su tumba y destruyen a su ser vampírico al exhumar su cuerpo, decapitar su cabeza, atravesar una estaca en su corazón, y llenar su boca de ajo.

Sin embargo, Mina se enferma, y sucede que ha desarrollado una conexión telepática con el conde Drácula quien había estado merodeando por Londres, y la ha visitado por la noche para alimentarla con su sangre. A través de Mina, quien es hipnotizada por el profesor Van Helsing, los hombres siguen los movimientos de Drácula mientras huye de regreso a su castillo en Transilvania.

Finalmente, logran alcanzarlo justo antes de la caída de la noche y lo apuñalan en la garganta y el corazón. El conde Drácula se deshace en polvo y se levanta el hechizo.

De todas las novelas sensacionalistas de Stoker, Drácula se volvió la más exitosa. El tema de una invasión inglesa por una fuerza ajena, en este caso la visita del conde Drácula a Londres, armonizó con una cantidad de otras novelas importantes que utilizaban el mismo tema y escrita por autores como Arthur Conan Doyle, H.G. Wells, Rudyard Kipling, y Rider Haggard, con respecto a criaturas míticas aterradoras que invaden a Bretaña desde el exterior. Los críticos de hoy en día han argumentado que Drácula obtuvo mucho de su interés de la idea de que Inglaterra estaba siendo influenciada por fuerzas corrompedoras del continente; de acuerdo con este argumento, la imagen de un conde austríaco chupasangre es simbólica a la infiltración gradual de influencias degeneradas desde el extranjero.

Como con el vampiro de Polidori, el conde Drácula era una figura aristocrática. En el caso de Polidori, se inspiró en el personaje de Lord Byron. En el de Stoker, usó a su jefe, el carismático Henry Irving, como un modelo para el vampiro.

Aunque era talentoso, elegante, y encantador, Irving también podía ser tiránico y dominante, y era el contraste entre estos dos aspectos del mismo personaje que volvió al vampiro ficticio de Stoker tan fascinante. El conde Drácula expresaba una profunda dicotomía en la naturaleza humana, es decir, la existencia de motivaciones sexuales primitivas, agresivas, y destructivas que conviven con una personalidad culta y refinada.

Además, el personaje de Van Helsing presentaba la paradoja entre la ciencia y el irracionalismo, el profesor es al mismo tiempo un hombre médico bien educado con vasto conocimiento en la ciencia, y al mismo tiempo tiene un exhaustivo entendimiento de las fuerzas más oscuras de la naturaleza humana, lo que incluye al vampirismo. Este tema de la personalidad doble, y el juego de la ciencia en el entendimiento de la forma de operar de la mente subconsciente irracional, había sido un tema previo en otras historias y novelas victorianas, como "El extraño caso del Dr. Jekyll y Mr. Hayde" de Robert Louis Stevenson publicada en 1886.

Mientras que algunos toman la novela de Stoker como una obra sensacionalista y cruda, no hay duda de que toca algunos temas profundos.

Primero que nada, Stoker explora la batalla entre las fuerzas modernizadoras de la ciencia y la tecnología y las corrientes primitivas y oscuras de las creencias paganas que aún sobrevivían en las partes rurales de Europa durante el periodo victoriano. Si personaje, Van Helsing, parece darles credibilidad a ambos enfoques, por un lado, usa técnicas médicas modernas como transfusiones de sangre para curar a su paciente, y por el otro utiliza remedios de la edad antigua como colgar un collar de flores de ajo alrededor de su cuello para alejar a los vampiros.

Durante el tiempo cuando las investigaciones psicológicas apenas estaban comenzando a ser tomadas en serio, Stoker presenta ideas innovadoras sobre el poder curativo de la mente, y las formas en la que la ciencia médica puede canalizar ese poder (por ejemplo, con la hipnosis).

Segundo, el libro aborda otro problema de gran importancia para la sociedad victoriana, y esto es el cambio en los roles de las mujeres. En particular, se toca el problema de la sexualidad femenina, aunque en una forma menos progresiva. En la historia, atestiguamos la corrupción gradual de Lucy quien pasa de ser una joven virgen vivaz, popular, y atractiva, a una promiscua sin vergüenza. Lucy es descrita como una mujer con muchos pretendientes, y quien disfruta de la atención que le ofrecen todos ellos hasta que finalmente escoge un esposo.

Hay una inferencia de que su interés en los hombres, combinado con su belleza, la lleva a su ruina eventual, en la forma de volverse una vampira sexualmente agresiva y lujuriosa. En contraste, Mina, la otra mujer de la historia, es presentada como femenina y maternal, devota a su marido, Harker; la implicación es que, como consecuencia, ella se salva del mismo destino que sufrió la lasciva Lucy.

Bram Stoker, comúnmente se cree, tenía grandes esperanzas de que su patrón Henry Irving tomara el rol del conde Drácula en la adaptación teatral de la novela.

Irving, quien se consideraba un campeón del teatro como una forma de arte de intelectual, desestimó la idea para la decepción de Stoker. Su sueño nunca se hizo realidad antes de que Irving muriera en 1905. En 1912, Stoker también falleció, lo que algunos biógrafos le atribuyeron a la sífilis. A pesar de sus muchos esfuerzos literarios, había acumulado relativamente poco dinero a lo largo de su vida, y la mayoría de su trabajo fue olvidado.

. . .

La viuda de Stoker, Florence, publicó una colección de historias cortas póstuma titulada "El invitado de Drácula y otras historias extrañas" dos años después de su muerte.

En 1922, la novela de Stoker fue adaptada para la pantalla grande, lo que llevó a la Señora Stoker a demandar al director Friedrich Wilhelm Murnau, a través de la sociedad Inglesa de Autores. Afirmó nunca haber dado permiso para que la historia fuera filmada y no se le había pagado un solo centavo de regalías por ella. En julio de 1925, habiendo batallado determinadamente en contra de los directores, las cortes finalmente se declararon a favor de la Sra. Stoker.

A pesar del hecho de que durante la batalla legal la Sra. Stoker demandó que se destruyeran todas las copias de la película, algunas de las tiras sobrevivieron. El Drácula de Murnau, desde entonces, se ha convertido en un punto de referencia en la historia del cine de horror, y también atrajo la atención a la novela clásica en la que estaba basada.

. . .

A lo largo del siglo 20, el mito de los vampiros continuó sobreviviendo, mayormente gracias a las muchas películas de terror sobre el tema que fueron publicadas desde los años 20. Estas demostraron ser inmensamente populares con el público, y armadas con los emocionantes elementos visuales del horror gótico, incluyendo varias tecnologías nuevas en la industria como efectos especiales dramáticos. Sin embargo, a pesar de estas innovaciones, el vampiro literario no era olvidado.

Las novelas de ciencia ficción, horror, y romance con vampiros como personajes principales seguían siendo vendidas, y a veces inspiraban a versiones de pantalla, y en otras veces inspiradas en películas ya existentes; y hoy en día, el género se ha convertido más popular que nunca, con el tremendo éxito de novelas adolescentes y géneros principalmente románticos que involucran a esta raza de criaturas míticas como personajes principales, usualmente ligados a un o una protagonista mortal que es la heroína de la novela.

Vampiros en la televisión

Desde los inicios del siglo veinte, la figura del vampiro ha inspirado a un sin fin de películas, algunas de ellas consideradas clásicos. Estas películas han influenciado concepciones populares de la leyenda del vampiro, añadiendo muchas características, por ejemplo, introduciendo la noción de que los vampiros le temen a la luz del día, tienen colmillos, y utilizan sacos de cuello alto, lo que no es esencialmente parte del folclor original.

Femme fatales – Los primeros vampiros de la pantalla, durante los días de las películas mudas, no eran literalmente demonios chupasangre, en su lugar eran mujeres seductoras, conocidas como "vamps" o Femme fatales. Estas sirenas de la pantalla se aprovechaban de hombres tontos – y sus carteras. Las películas incluyen "El vampiro (1913)" y "Había un tonto (1915)". Ningún vampiro verdadero apareció sino hasta 1922, cuando F.W. Murnau creó "Nosferatu", basado en la novela de Bram Stoker.

En 1931, la primera película con sonido fue puesta ante el público: Drácula, con Bela Lugosi como principal. Con su habla lenta y amenazante y una palidez mortal, Lugosi personificó un cadáver vivo, y aterrorizó a las audiencias al grado de que algunos se desmayaron al verlo. Esta película fue una sensación taquillera y para muchos Lugosi se convirtió en el conde Drácula definitivo. Le siguieron dos secuelas, "La hija de Drácula (1936)" y el "Hijo de Drácula (1943)". El hecho de que el conde había sido destruido por completo en la primera película no fue detenimiento para regresar a más horrores Hollywoodenses, incluyendo "La casa de Frankenstein (1944)", "La casa de Drácula (1945)", y una comedia, "Abbot y Costello conocen a Frankenstein (1948)."

La filmación de Drácula

La película de Drácula de 1931 fue dirigida por Tod Browning y estaba basada en una obra de Hamilton Deane y John L. Balderston, la cual obtuvo su inspiración del libro original de Bram Stoker. La obra ya era un gran éxito de Broadway, y proveyó a los productores con el plano para la versión de la película. Bela Lugosi, un actor húngaro, fue seleccionado para el papel principal, pero hubo algunos reproches sobre esta elección, y tuvo que aceptar un salario menor al de muchas de sus coestrellas.

La leyenda dice que Lugosi apenas podía hablar inglés cuando hizo la película, lo que justifica su fuerte acento; sin embargo, parece ser poco probable, ya que había estado trabajando en Hollywood por un buen tiempo.

Hay muchas historias sobre la creación de la película, incluyendo el rumor de que Tod Browning no tuvo interés en el proceso, y que como consecuencia había una gran cantidad de caos en el set. Parece ser que Browning estaba afectado por la muerte de su amigo Lon Chaney, quien había sido elegido para hacer el rol del conde. Sin embargo, a pesar de estas dificultades, la cinta se volvió un punto de referencia en el cine, sobre todo porque demostró cómo la industria se movió de lo "silencioso" a la era de los "sonidos". En contraste a las cintas de hoy en día, había muchos momentos silenciosos durante la película, y la mayoría de las líneas de los actores eran cortas y concisas.

El guión se limitaba a explicar la historia, en lugar de desarrollar las relaciones de los personajes a través del diálogo, y en este sentido, a pesar de tener sonido, la estructura de la película tenía un gran parecido a las películas mudas.

. . .

La premier de Drácula se llevó a cabo el día de San Valentín en 1931. El estudio se encargó de circular las historias del efecto extraordinario que tuvo en aquellos presentes durante la proyección, incluyendo las historias de personas que debieron ser cargadas fuera de la sala por la emoción. Esto atrajo a grandes audiencias al cine para verla, y más por curiosidad que por otra cosa.

Demostró ser un gran éxito, lo que no era sorpresa para el momento. Hoy en día, está registrada en la Librería del Congreso como una película de "gran significado cultural, histórico, y estético". Sin embargo, para Lugosi fue una bendición mezclada; a partir de este momento solo era contratado para papeles similares al conde Drácula, y nunca volvió a tener variedad en sus roles.

Aunque el retrato del vampiro como un aristócrata elegante y culto con una sed de sangre decadente triunfó en el cine, el monstruo medieval del folclor eslavo no fue olvidado por completo.

Inspirado por la revolucionaria película "Nosferatu" por F.W. Murnau en los 20, el director alemán Werner Herzog continuó con "Nosferatu el Vampiro (1979)", un homenaje y actualización de la película original, la cual Herzog consideraba la más grande película de la historia. En su filme, el vampiro es descrito como una criatura horrenda y solitaria digna de lástima en lugar de admiración. Otras cintas de vampiros con este tema incluyen a "Sombra del vampiro (2000)", una versión ficticia de la filmación de Murnau, en donde el actor principal resulta ser un vampiro y aterroriza al elenco y los colaboradores.

Vampiros en las películas

Nosferatu – Dirigida por F.W. Murnau, en 1922. Con Max Schreck. Esta versión de la novela de Drácula por Bram Stoker no fue proyectada al momento gracias a una disputa entre Murnau y la viuda de Stoker con respecto a los derechos. Pero las copias de la película sobrevivieron, y desde entonces se ha convertido en un clásico, con una famosamente emocionante interpretación de Schreck como el conde Drácula.

Drácula – Dirigida por Tod Browning, 1931. Con Bela Lugosi, Helen Chandler, David Manners, y Edward Van Sloan.

Basada en la adaptación teatral de la novela, fue

una película con gran cantidad de publicidad que introdujo a las audiencias a Bela Lugosi en el rol principal. Su amenazante interpretación hizo que las audiencias se desmayaran en las salas y demostró ser un éxito taquillero masivo.

Vampyr – Dirigida por Carl Theodor Dreyer en 1932. Con Julian West, Maurice Schutz, y Sybille Schmitz. Una interpretación lenta, pero alucinante del mito del vampiro en la cual los vampiros manipulan a los pueblerinos para cometer suicidio, y luego se conviertan en los sirvientes del diablo. Aunque desestimada en su tiempo, la película ahora se considera como una pieza de historia cinemática revolucionaria.

El horror de Drácula – Dirigida por Terence Fisher en 1958. Con Christopher Lee, Peter Cushing, y John Van Eyssen. Conocida en el Reino Unido como "Drácula" esta película fue hecha con poco presupuesto, pero terminó por romper récords de taquilla. También dio a luz a ocho películas subsecuentes, que fueron llamadas "Hammer Horrors" después de que el estudio las hiciera.

. . .

El último hombre sobre la tierra – Dirigida por Ubaldo Ragona y Sidney Salkow en 1964. Con Vincenti Price. Basada en la novela "Soy leyenda" de Richard Matheson, esta película fue filmada en Roma, Italia. A pesar de que Matheson la describió como "decepcionante", la película ha adquirido admiradores y tiene actualmente seguidores de culto.

Sangre para Drácula – Dirigida por Paul Morrisey en 1974. Con Uso Kier, Joe Dallesandro, Maxime McKendry, y Stefania Casini. Esta es básicamente una parodia, pero tiene el amor del género de horror hollywoodense, y de alguna forma tiene un réquiem hacia él. También tiene una aparición de Roman Polanski.

Martin – Dirigida por George A. Romero en 1977. Con John Amplas. Hecha por el director de la seminal serie de zombis "Muertos vivientes", "Martin" es considerada una de las mejores películas de horror de los 70. El filme fue realizado con un bajo presupuesto, en locaciones reales, con amigos y familia del director en papeles secundarios.

. . .

Rabid – Dirigida por David Cronenberg en 1977. Con Marilyn Chambers, Frank Moore, y Robert A. Silverman. Esta película de "body horror" cuenta la historia de una mujer que desarrolla un órgano fálico bajo su axila y comienza a succionar sangre a través de él, y así infecta a otros con una forma de rabia que causa un gran caos.

Nosferatu the vampyre – Dirigida por Werner Herzog en 1979. Con Klaus Kinski, Isabelle Adjani, Bruno Ganz y Roland Topor. Herzong consideraba la película clásica de Murnau como el filme más grande en haber existido, y consideró su propio filme como una adaptación. Fue aclamado con amor por los críticos, pero no fue tan popular en las taquillas.

El hambre – Dirigida por Tony Scott en 1983. Con Susan Sarandon, Catherine Deneuve, y David Bowie. Adaptada de la novela de Whitley Strieber, el debut de Scott fue aclamada por su atmósfera, pero criticada como lenta y mal escrita. Sin embargo, su glamour oscuro y visuales lujosos le otorgaron un gran seguimiento, especialmente entre los partidarios de la subcultura gótica.

. . .

Drácula – Dirigida por Francis Ford Coppola en 1992. Con Gary Oldman, Winon Ryder, Anothony Hopkins, y Keanu Reeves. "Grandes nombres, gran presupuesto, grandes sets, un gran y despampanante resultado, y un cabello incluso más grande" fue como un crítico describió este filme. Luego continuó desestimándola, pero las audiencias la amaron, y fue una película altamente taquillera.

Entrevista con el vampiro – Dirigida por Neil Jordan en 1994. Con Tom Cruise, Brad Pitt, Antonio Banderas, Kirsten Dunst. Basada en las crónicas de Anne Rice, la película inicialmente atrajo controversia por su violencia, y el hecho de que Rice no estaba entusiasmada por haber contratado a Cruise en el rol de Lestat. Sin embargo, terminó siendo un hit.

Del atardecer al amanecer – Dirigida por Robert Rodriguez en 1996. Con Harvey Keitel, George Clooney, Quentin Tarantino, Juliet Lewis, y Salma Hayek. Una película Pulp extravagante, llena de sexo basura, violencia, y sangre. Un crítico comentó: "Puedo pensar en cosas peores que aguantar que una orgía llena de balas, cadáveres que explotan, y vampiros stripper".

. . .

Blade – Dirigida por Stepher Norrington en 1998. Con Wesley Snipes, y Stephen Dorff. Snipes hace el rol de Blade, un personaje basado en el héroe ficticio de Marvel Comics: Fame. Blade es mitad humano, mitad vampiro y lucha en contra de una invasión de vampiros. La película fue un éxito masivo, dándole una nueva vida al superhéroe americano y generando dos secuelas.

Inframundo – Dirigida por Len Wiseman, en 2003. Con Kate Beckinsale, y Scott Speedman.

La historia de una mujer vampiro que caza licántropos u hombres lobo, la cinta fue recibida negativamente, el consenso era que estaba demasiado producida y sobreactuada, sin llegar al nivel de ser disfrutable. Sin embargo, logró generar dos secuelas.

Let the right one in – Dirigida por Tomas Alfredson, en 2008. Con Kare Hedebrant, Lina Leandersson, y Per Ragnar. Se localiza en los suburbios de Estocolmo, esta conmovedora historia de un niño de 12 años que se hace amigo de un niño vampiro fue sorprendentemente un éxito, y ganó muchos premios. El guion fue escrito por el novelista Jogn Ajvide Lindqvist, basado en su libro del mismo nombre.

. . .

Crepúsculo – Dirigida por Catherine Hardwicke en 2008. Con Kristen Stewart, y Robert Pattinson. Algunos sintieron que la adaptación cinematográfica había perdido cierta de la "mordida" que tenía la novela de Stephenie Meyer, una historia de amor entre una chica humana y un joven vampiro.

Sin embargo, los principales actores de la película fueron aclamados en general.

Vampiros en el pop

El rock n' roll ha, desde sus inicios, tomado elementos del género de terror, y el mito de los vampiros no es la excepción. Artistas como Screamin' Jay Hawkins, Alice Cooper, Marilyn Manson, y Ozzy Osbourne se encuentran entre aquellos que han traído una estética fuertemente gótica de sangre de cementerio al mundo del pop. Al hacerlo, han respetado lealmente la tradición crucial del rock de disgustar y aterrorizar al público, ya sean oficiales de gobierno, comentadores sociales, o figuras paternales.

. . .

En general, las travesuras de los "vampiros del pop" han sido relativamente inofensivas, diseñadas para entretener en lugar de incitar a la violencia. Las presentaciones vodeviles han tenido un elemento de humor en ellas, con frecuencia siento presentadas de forma irónica, pero eso no ha detenido a las autoridades y los medios de constantemente comunicar sus ansiedades sobre el efecto corrompedor que tiene en la juventud moderna. En particular, los políticos y comentadores sociales se enfocan en la violencia de las presentaciones en vivo, y el efecto que esto pueda tener en niños y adolescentes moldeables, con frecuencia ignoran el hecho de que dichas actividades tienen fuertes elementos de parodia en ellos, y los shows de fenómenos y horror de cualquier forma no son nada nuevo en la cultura.

De hecho, han ocurrido desde los tiempos medievales, cuando las ferias andantes exhibían a fenómenos de la naturaleza, ya fueran humanas o animales, y desde el periodo victoriano, cuando la fascinación por estas curiosidades estaba en su apogeo.

A pesar, o quizá gracias a la censura con la que se han topado, los "vampiros" del pop han continuado con su misión de traer los elementos más sensacionales del género de horror hacia el centro de la música contemporánea, ya sea heavy metal, garage, punk, o incluso el hip hop; y, en el futuro, esta fructífera colaboración de horror y ruido que es tan atractiva para los adolescentes, adultos jóvenes, y algunas secciones más grandes del público, parece ser tener oportunidad de continuar.

Screamin' Jay Hawkins – El emparejamiento de horror gótico con el rock n' roll ha sido una tradición antigua y respetada desde los 50. Tomando de carnavales, tiendas de vodevil, hombres de medicina, espectáculos de fenómenos, y ferias andantes que fueron una fuente de entretenimiento para las personas trabajadoras de Estados Unidos durante el final del siglo diecinueve y el principio del siglo veinte, en el periodo de la posguerra un gran número de artistas negros empezaron a introducir estos elementos al rock n' roll.

Uno de los primeros músicos en hacerlo fue Jalacy Hawkins, un músico, cantante, y actor con una presentación teatral salvaje. Nacido en Cleveland, Ohio, en 1929, Hawkins inicialmente estudió piano, y esperaba convertirse en un cantante real al estilo de Paul Robeson. Sin embargo, sus sueños, como los de muchos músicos negros talentos, fueron aplastados, y durante la segunda guerra mundial terminó entreteniendo a las tropas como un cantante de blues. También se convirtió en el campeón de boxeo de peso medio de Alaska.

En 1956, después de cambiar su nombre a Screamin' Jay Hawkins, grabó su hit single "I put a spell on you". Originalmente tenía la intención de que fuera una balada dulce y gentil, pero terminó siendo un tanto diferente. La leyenda dice que, durante la sesión de grabación, toda la banda estaba completamente borracha, Hawkins en particular. Lo que emergió de ello fue un fragmento crudo y puro de rock n' roll, y después de aullar y gemir rasposamente durante toda la canción, Hawkins se desmayó. Después, se volvió un éxito, y fue forzado a volverlo a aprender para que pudiera presentarlo en el escenario.

Para la sorpresa de todos, la canción se volvió uno de los primeros hits de rock, y Hawkins pronto se vio presentándose ante hordas de adolescentes gritones.

Para entretener a su audiencia joven, Hawkins se vestía en un traje de piel de leopardo y oro, con frecuencia con una capa ondeante. También tomó inspiración del vudú, usaba artefactos como un cráneo en un palo y serpientes de hule. Se cree que el emerger de un ataúd sobre el escenario fue la idea del DJ y el promotor Alan Freed, y que Hawkins fue remunerado por realizar el truco. Como quiera que fuese, la visión de un hombre vestido de forma bizarra saltando de un ataúd en un escenario lleno de humo obtuvo el efecto deseado, y Hawkins continuó realizando este acto por el resto de su carrera, incluso después de que la popularidad de sus canciones se hubiera reducido.

Alice Cooper – El acto de "vampiro y vudú" de Hawkins fue una gran influencia en muchos actos de rock posteriores, incluyendo a Alice Cooper. Nacido como Vincent Furnier en Detroit, Michigan en 1948, formó una banda llamada The Earwigs mientras aún estaba en preparatoria, pero posteriormente, después de varios cambios de personal, alteró el nombre para convertirlo en Alice Cooper. Se decía que este nombre le llegó a la mente durante una sesión de ouija, en la cual hizo contacto con una bruja del siglo 17 llamada Alice Cooper. Después, Cooper admitió que esto fue un truco publicitario, y que realmente escogió el nombre porque sonaba como una "linda niña con un hacha detrás de su espalda".

· · ·

Sin embargo, el nombre resultó ser un factor esencial en el éxito de Cooper; inicialmente, solo era utilizado como el nombre de la banda, pero después de que los fans empezaran a referirse al líder de la banda como "Alice", Cooper decidió usar el nombre en si mismo, también se vestía en un estilo andrógino concorde, lo que alteró a los críticos.

A medida que la carrera de banda comenzó a progresar, Cooper demostró que tenía consciencia sobre la importancia de la publicidad, especialmente la mala publicidad, y empezó a usarla para obtener buenos resultados. En 1969, mientras estaba presentándose en Toronto, una gallina se subió al escenario – las razones detrás de esto aún se desconocen. Sin dudar, Cooper la levantó y la arrojó hacia el auditorio, creyendo que las gallinas podían volar. En su lugar, cayó sobre la audiencia, quien aparentemente la volvió pedazos. Al día siguiente, se le informó a la prensa que Cooper había arrancado la cabeza de la gallina con sus dientes e incluso había llegado hasta a beber su sangre sobre el escenario. Inmediatamente negó el reporte, pero después de una conversación con su productor, Frank Zappa, permitió que continuara circulando, dándose cuenta del potencial que tal publicidad podía tener para incrementar el factor sorpresa de su acto en vivo.

. . .

La noción de que era un vampiro, quien sobrevivía gracias a la sangre de animales, era una que él mismo empezó a alentar, haciéndole honor a su sombría reputación al utilizar maquillaje oscuro alrededor de sus ojos y vistiéndose de negro.

No fue mucho después que las presentaciones de Cooper comenzaron a tener otros elementos derivados del género de horror, tales como una boa constructora real, la cual arrojaba alrededor de su cuello, y horcas. En sus shows, realizaba actos como cortar las cabezas de muñecas ensangrentadas, consternando a sus muchos, y horrorizados, críticos.

El sencillo de la banda "School's Out" llegó al top 10 en 1072 vendiendo más de un millón de copias. Al siguiente año su álbum "Billion dollar babies" llegó al número uno tanto en Estados Unidos como en el Reino Unido, y su reputación estaba realizada. Alice Cooper empezó a tener tours más intensivos, y las presentaciones se volvieron más salvajes, con la presencia de todo tipo de efectos sangrientos, y desde extraer dientes hasta una guillotina con todo y su verdugo. No es de sorprenderse, todos estaban indignados, y muchas figuras políticas y comentadores sociales se manifestaron para que sus presentaciones fueran prohibidas. Esto, por supuesto, solo incrementó su popularidad.

En los años siguientes, la constante vida de tour tuvo un impacto en Cooper, quien se había vuelto un alcohólico. Formó un club de bebedores conocido como los vampiros de Hollywood, pero después de una serie de accidentes y problemas, algunos de ellos incluso sobre el escenario, decidió dejar de beber y bautizarse como cristiano. Afortunadamente, no les ha dado sermones a sus fans sobre la maldición de sus días pasados, y solo dio la afirmación de que disfrutar del golf fue de gran ayuda en su rehabilitación.

Marilyn Manson – Hoy en día, el horror gótico se ha vuelto una marca del rock, especialmente el heavy metal. Uno de los mayores exponentes de la tradición vampírica es Marilyn Manson, quien continuó la misión de Alice Cooper de irritar a las masas, y aterrorizar a los comentadores sociales con su apariencia horrenda y presentaciones indignantes. En particular, ha perfeccionado un estilo de vestimenta y maquillaje horripilante y como si "apenas hubiera salido de la tumba". Estos incluyen lentes de contacto especiales que se ven como un ojo de vidrio. La leyenda dice que

Manson también tiene una amplia colección de extremidades prostéticas y su posesión más valiosa es una chaqueta hecha de dos corderos siameses.

En años recientes, Manson ha cambiado su atención de la música hacia el cine y el arte, aunque su arte no ha sido recibido con una crítica aclamada. Sin embargo, como Alice Cooper lo hizo antes que él, continúa siendo una espina den la espalda de las autoridades, y fuera del escenario es una figura ingeniosa cuya intención es sorprender, y fomentar la tolerancia hacia algunos de los individuos de nuestra sociedad no convencionales y excluidos – una lectura del mito del vampiro se ha vuelto central para la ficción, cine, y pop en los años recientes. Con frecuencia, en sus afirmaciones públicas, se burla de la hipocresía de la sociedad, la falsedad de la industria del entretenimiento, y la soberbia social.

Conclusión

Sin importar la fuente, la leyenda del vampiro ha impactado de gran manera nuestra cosmovisión de la muerte y lo que sucede después de ella, y, con la llegada de la revolución científica, ha evolucionado en conjunto con la cultura popular y el arte moderno.

Podemos observar su vasta influencia en el género de terror cinematográfico, con la presencia de clásicos de terror como Drácula por Tod Browning y Nosferatu por el aclamado director Murnau, cuya obra ha inspirado un sinfín de filmes en la misma rama. Con la llegada de los efectos especiales y el sonido a las pantallas grandes, los directores tuvieron más recursos para perfeccionar su propia visión de lo que era un vampiro verdaderamente demoníaco, y de esta forma construyeron las bases para el cine de terror moderno.

Con la evolución literaria, la influencia científica, y la inclusión de la tecnología al mundo del arte, la imagen del alguna vez terrorífico y repugnante vampiro fue desapareciendo poco a poco, y un personaje que por muchos años se sintió como la representación gráfica del miedo fue volviéndose más amigable con la audiencia y llegando hasta el punto de ser retratado como un apuesto adolescente en busca del amor verdadero. Su función dejó de ser únicamente sembrar el terror entre los humanos, y comenzó a evolucionar como un personaje complejo con su propia intelectualidad, ambiciones, intereses, y emociones.

De la misma forma jamás abandonó su inicial relación con las artes oscuras y lo oculto, y esto fue en parte gracias a las grandes figuras del rock n' roll. El vampiro, y en especial su estilo de vida, surgió como una revolución a una sociedad evangelizada y temerosa del infierno, y aquellos que no encajaban en las normas convencionales cristianas lo usaron como símbolo para sobresalir en la música e inspirar a otros a cuestionar el estatus quo de la sociedad. Esta nueva concepción artística de las figuras vampíricas y demoníacas como símbolos de liberación y cambio tuvieron un fuerte impacto en las masas juveniles, y su influencia se extiende hasta el día de hoy.

Sin importar la forma en que la percibamos, no cabe duda que la figura del vampiro estará presente constantemente en el género de horror de ficción, y sin duda debemos mantener los ojos y mente abierta para percibir las nuevas maneras en la que podría evolucionar en el futuro.

www.ingramcontent.com/pod-product-compliance
Lightning Source LLC
Chambersburg PA
CBHW052205090526
44583CB00015BA/1568